KB042314

POLICY SCIENCE CONCERT

정책학
콘서트

정책학 거장들의 삶과 사상

권기헌

박영사

서 문

≪행정학 콘서트≫를 출간한 지도 몇 해가 흘렀다. 이 책은 많은 호응과 사랑을 받았다. ≪정책학 콘서트≫를 내놓는다면 어떤 모습일까를 고민해 보았다.

집필 시 정책학 거장들의 주류적 이야기, 현대정책모형들에 대한 탐색, 정책학과 미래학의 만남, 정책학과 4차 산업혁명의 접점 등에 대해 고민했다. 정책학은 인간존엄성을 철학적 이념으로 삼기에 거기에 담긴 인문학적 의미와 함께, 미래예측과 4차 산업혁명을 화두로 삼은 대가들의 삶을 추적해 보기로 했다. 그들은 무슨 생각으로 살았는지, 무엇을 고민하다 갔는지, 그들이 제시한 해결책은 무엇이었는지.

현대정책학을 제창한 거장인 라스웰, 드로어, 얀취, 앤더슨 등과 함께 정책결정모형, 정책확산모형, 정책분석모형, 정책흐름모형, 정책옹호연합모형, 사회적 구성모형 등을 탐색하고, 더 나아가 거버넌스와 뉴거버넌스의 제창자들을 탐색해 보았다.

한편 미래학을 창시한 짐 데이토 교수를 위시하여, ≪특이점이 다가온다≫라는 책으로 우리에게 널리 알려진 레이 커즈와일 이야기를 살펴보았다.

또한 4차 산업혁명이라는 단어를 처음으로 제시한 클라우스 슈밥 회장을 위시하여 ≪노동의 종말≫, ≪한계비용 제로사회≫로 유명한 제레미 리프킨 이야기를 살펴보았다.

더 나아가, 현대사회의 갈등을 해결할 수 있는 통합과 포용의 리더십을 제공한 아담 카헤인을 위시하여 이를 현실에 적용하여 성공시킨 남아프리카공화국의 변혁적 리더, 넬슨 만델라 이야기를 살펴보았다.

말하자면, 정책학, 미래학, 4차 산업혁명, 통합적 리더십의 이론가들이 고민했던 영역, 문제의식, 쟁점, 제시된 대안들을 정리해 보았다.

이러한 논의를 통해 우리 사회가 안고 있는 갈등과 모순을 극복하고, 미래예측과 함께 4차 산업혁명에 대한 창조적 대안을 탐색하는 데 조금이라도 도움이 됐으면 하는 바람이다.

이 책이 집필되는 과정에서 많은 도움을 준 연구실의 대학원생들에게 감사의 마음을 전하고 싶다. 이대웅, 손주희 박사 과정생의 인간적인 리더십 하에 조동익, 탁성숙, 김세운, 정혜린, 정인호, 이다솔, 김광민, 이주현 연구원은 정책학과 인문학 거장들의 사상과 생애를 꼼꼼히 정리해주었다. 특히 김정훈, 이정희 박사는 구상을 정리하고 윤필까지 해주는 등 수고를 아끼지 않았으며, 이다솔, 이주현 연구원은 모든 그림과 표들을 추가로 정리하고 전체적인 구성을 편집해 주는 등 특별한 기여를 해주었다. 깊은 고마움과 감사의 마음을 전한다.

2018년 2월
권 기 헌

차 례

프롤로그:
정책학이란 무엇인가?

정책학의 창시

현대정책학은 1951년 라스웰H. Lasswell의 "정책지향성Policy Orientation" 이라는 논문에서 시작되었다. 정책학은 사회의 근본적 문제들에 대한 해결에 초점을 둔다. 당시 라스웰은 미국의 히로시마 원폭 투하 결정을 두고 "정책이 본질적으로 인류의 삶을 위협하면 어찌해야 하나"라는 질문에 대해 고민하면서 정책학이라는 학문 패러다임을 제창했다. 학문은 무엇보다도 사회의 문제 해결을 통해 인간의 존엄성 증진을 지고至高의 가치로 삼아야 한다는 주장을 펼쳤다. 즉, 정책학의 목적은 인간의 존엄Human Dignity을 실현하고, 인간의 가치Value를 고양시켜야 한다는 것이었다.

라스웰은 "정책학은 긴 역사와 짧은 과거Long History but Short Past를 지녔다"고 하면서, 1951년 이후 민주주의 정책학은 인류 보편을 위한 정책학이 되어야 한다고 강조했다. 이를 위해 '문제지향성, 맥락지향성, 연합학문성'이라는 세 가지 접근방식을 기초로 정책학 패러다임이 구성되어야 한다고 주장했다.

정책학 패러다임

정책학은 문제 해결을 지향하고Problem-Oriented, 시간과 공간의 맥락성Contextuality을 가지면서, 순수학문이면서도 응용학문으로서 연합학문성Interdisciplinary을 지닌다. 이를 위해 정책학은, 계량분석과 정책분석기법뿐만 아니라, 철학, 심리학, 역사학, 미래예측, 거버넌스, 전자정부 등 다양한 학문 분야와의 통섭적 접근을 필요로 한다.

특히 현대사회는 VUCA, 즉 변동성Volatility, 불확실성Uncertainty, 복잡성Complexity, 모호성Ambiguity을 특징으로 하는 4차 산업혁명시대에 돌입해 있다. 이러한 변화와 속도의 시대에 절실히 요구되는 것은 인문학적 상상력을 토대로 한 정책학의 문제 해결역량이다. 정책학에 대한 다양한 이론적 토대와 철학적 인식을 기반으로 정책성공과 실패가 교차하는 지점에 대한 인식의 지평을 넓혀야 한다.

정책현상에 대한 과학적 탐구

정책학이란, 정책현상에 대해서 과학적으로 탐구하는 학문이다. 정책성공을 최대화하고 정책실패를 최소화할 수 있는 방안에 대해 연구한다.

왜 어떤 정책은 성공하는 반면 어떤 정책은 실패하는가?

첫째, 정책변수에 있어서, 인적 리더십 실패인가, 구조적 시스템 실패인가, 환경적 정치권력 실패인가?

둘째, 정책과정에 있어서, 의제설정에서의 실패인가, 정책결정에서의 실패인가, 집행에서의 실패인가, 평가에서의 실패인가?

셋째, 정책유형에 있어서, 규제정책에서의 실패인가, 재분배정책에서의 실패인가, 배분정책에서의 실패인가, 구성정책에서의 실패인가?

따라서 정책학은 대단히 과학적이다. 정책의 성공과 실패 요건에 대해서 과학적으로 규명하려 하기 때문이다. 경험성, 객관성신뢰성, 타당성, 재생가능성을 토대로 현상을 정확하게 묘사하고 설명하고 예측하려고 노력한다.

행정학 연구와 정책학 연구

행정학이 조직, 인사, 재무, 정보체계 등 매우 실용적인 학문체계인 점도 정책학이 추구하는 철학적 이념을 매우 돋보이게 한다. 행정학이 조직, 인사, 예산, 정보 등 정부의 내부 운영지침과 집행에 초점을 두는 동안(군대로 비유하면 Logistics, 즉 부대 조직, 인사, 예산, 병참 등), 정책학은 무엇이 좋은 정책인가? 무엇이 올바른 정책인가? 인간의 존엄에 기여하는가? 등과 같은 보다 형이상학적 질문을 던진다.

정책학이 관료제나 도구적 합리성에 매몰되지 말고 보다 근본적인 가치에 집중해야 하는 것도 이런 이유이다. 또한 단순한 계량적 실증주의에 빠지지 말고 보다 근원적 관점에서의 접근, 예컨대 근거이론, 현장답사, 사례탐구, 심층면접 등을 보완해야 하는 이유도 보다 본질적인 질문들이 소중하기 때문이다.

무엇이 올바른 국가(정부)인가? 무엇이 우리 사회의 근본적 문제인가? 이를 해결하기 위해 정부(정책)는 무엇을 우선적으로 해야 하는가?

정책학자가 바라보는 세계관

정책학자가 바라보는 세계관Policy Scientist's View of The World이란 무

엇일까?

정책학자는 우리 사회에서 일어나는 정책현상을 정확하게 묘사, 기술Describe하고 거기에서 나타난 모순이나 비정상을 설명Explain하려고 하며 더 나아가 그러한 현상의 미래 발생 가능성을 예측Predict 해 보려고 노력한다. 기존의 학술적 이론이나 모형을 빌려와 적용해 보기도 하고 기존의 이론과 현실의 차이가 너무 클 때에는 새로운 이론을 제안하기도 한다.

또 한 시대를 풍미했던 사람들, 우리가 소위 '거장'이라고 부르는 사람들은 시대의 '아픔'이나 '모순'에 대해 고민을 하고, 그러한 고민 끝에 '해결책'을 내놓기도 한다.

우리 사회가 직면한 근본적 문제 중의 하나는 '긍정성'의 부족이다. 계파와 계파 간 신뢰는 바닥에 떨어지고 서로 간에 진정한 대화와 협력보다는 상대편을 지배하고 압도하려고 한다. 그러다보니 모순과 갈등은 고조되고, 그러한 모순과 갈등은 악순환의 고리처럼 반복되면서 우리 사회를 휘감고 있다.

누가 이 '악순환의 고리'를 끊을 것인가? 혹은 어떤 제도적 묘책이 있어 우리 사회에 내재된 갈등 고리를 해원解冤시켜 화해와 상생의 기운으로 승화시킬 것인가?

속 시원한 비책이야 있을까마는, 한 시대를 살다간 '거장'들을 찾아가보기로 했다. 그래서 그들의 목소리와 '일갈—喝'을 들어보고자 했다.

이 책은 이런 생각을 배경으로, 정책학과 미래학, 정책학과 4차 산업혁명을 주창했던 거장이라고 할 만한 학자들의 삶과 사상적 고민, 그리고 그들이 내놓은 해답에 대해 추적해 본 것이다.

논의의 흐름은 다음과 같다.

먼저 제1부에서는 정책학 패러다임의 기초를 제시한 정책학 거장들의 삶을 쫓아본다. 그들의 사상적 고민, 시대배경을 토대로 문제의식을 추려보고, 그 고민 끝에 내놓은 해결책, 대안이 무엇이었는지, 무엇보다 그들이 제안한 핵심 초점은 무엇이었는지를 찾아보기로 한다. 정책학을 창시한 라스웰, 그리고 드로어, 얀취 등 그의 제자들의 발자취를 추적하고, 실천적 이성을 제시한 앤더슨의 이야기를 살펴본다.

제2부에서는 현대정책모형에 대해서 살펴본다. 정책결정모형을 제시한 앨리슨, 정책확산모형을 제시한 베리와 베리 부부, 정책분석모형을 제시한 윌리엄 던, 정책흐름모형을 제시한 킹던, 정책옹호연합모형을 제시한 사바티어, 사회적 구성모형을 제시한 잉그램, 슈나이더, 딜레온 등에 대해서 살펴보고, 이어서 뉴거버넌스를 제시한 가이 피터스와 욘 피에르 이야기에 대해서 살펴본다.

제3부에서는 정책학과 미래예측에 대해서 살펴본다. 미래학을 창시한 짐 데이토 교수와 함께 ≪특이점이 다가온다≫라는 책으로 우리에게 널리 알려진 레이 커즈와일 이야기를 살펴본다.

제4부에서는 정책학과 4차 산업혁명에 대해서 살펴본다. 4차 산업혁명이라는 단어를 처음으로 제시한 클라우스 슈밥 회장을 위시하여 ≪노동의 종말≫, ≪한계비용 제로사회≫로 유명한 제레미 리프킨 이야기를 살펴본다.

제5부에서는 정책학과 통합적 리더십에 대해서 살펴본다. 현대사회의 갈등을 해결할 수 있는 통합과 포용의 리더십을 제공한 아담 카헤인을 위시하여 이를 현실에 적용하여 성공시킨 남아프리카공화국의 초인, 넬슨 만델라 이야기를 살펴본다.

제6부에서는 지금까지의 이야기를 종합하면서 이들이 정책학에 던지는 함의 및 시사점을 살펴보고자 한다. 이를 통해 이러한 주장의 근저에 깔린 메시지의 공통분모를 탐색해 본다.

이어서 에필로그에서는 정책현상을 바라보는 이론적 렌즈를 정리하면서 이 글을 맺고자 한다.

I

정책패러다임:

정책학의 창시자들

P O L I C Y

정 책 학 콘 서 트

PART I

정책패러다임:
정책학의 창시자들

정책학 패러다임이란 무엇인가("Policy Orientation")

라스웰Harold Lasswell 이야기

라스웰의 고민: 정책이 본질적으로 인류의 삶을 위협한다면?

1945년 8월 2차 세계대전 종전 무렵, 미국의 트루먼 대통령은 일본 히로시마와 나가사키에 원자폭탄 투하를 명령했다. 원폭 투하 후 4개월 동안 이 두 지역에 최대 25만 명에 가까운 사망자가 발생했고, 사망자의 대부분은 민간인이었다.

당시 미국의 정책결정자들은 원자폭탄은 일본뿐만 아니라 전 인류의 운명까지 좌우할 수 있는 위험한 핵무기임에도 불구하고, 원자폭탄이 초래할 위험성과 윤리적인 문제에 대해 생각하지 않았다. 그보다 전쟁의 빠른 종전을 위해 언제, 어디에, 어떻게 원자폭탄을 투하할 것인가를 더 고민했다. 이것은 라스웰Harold Lasswell에게 큰 충격을 가져다주었다.

라스웰은 원폭 투하라는 미국 정부의 정책결정이 '미국에게는 최선의 선택이었을지라도, 본질적으로 인류의 삶을 위협하는 것이라면 이 정책결정은 바람직한 것인가?'라는 의문을 품었다. 이에 그는 정책학이 가져야 하는 목적과 나아갈 방향, 정책학 그 존재 자체의 의의에 대해 깊은 고민을 하기 시작했다.

한 국가의 정책적 선택이 그 국가를 위해서는 최선이라 할지라도 인류의 삶 자체를 위협한다면 바람직한 일일까? 정책결정이 인류를 위한 결정이 될 수는 없을까? 인간의 존엄성이라는 최소한의 담보는 어떻게 보장받아야 하나? 학문은 왜 존재하는가? 인간의 존엄성을 위한 정책학의 학문체계를 구성할 순 없을까? 단순한 제왕적 정책학을 넘어선 민주주의 정책학이란 불가능한 것일까?[1]

또한, 라스웰은 1940~60년대 유행하던 학풍인 가치와 사실의 분리를 주장하는 행태주의, 계량화를 중시하는 실증주의가, 인류가 사회에서 직면하는 문제들을 해결하기 어렵다고 보았다. 당시 미국사회에 팽배했던 인종 문제, 사회적 약자 문제 등은, 가치를 배제하고 단순한 통계분석이나 수치로는 해결될 수 없는 문제들이었기 때문이다. 이에 라스웰은 사회 문제를 해결하면서 인간의 삶 자체를 증진시킬 수 있는 학문체계에 대해 다시금 고민하기 시작했다.

대안: 정책지향Policy Orientation의 완성

라스웰은 1951년 "Policy Orientation"이라는 논문을 통해 고민의 해결책을 제시한다. 그는 정책학을 '인간의 존엄성을 구현하는 민주주의 정책학'이라 명명하며, 정책학 연구의 지향점은 인간이 사회에서 직면한 문제 해결을 통한 인간 존엄성의 회복이어야 한다고 주장했다.

이후 라스웰은 1970년 논문 "The Emerging Conception of the Policy Sciences", 1971년 저서 《Preview of Policy Sciences》에서 정책학의 방향을 정책결정과정에 관한 지식과 정책결정과정에 필요한 지식 두 가지로 구분하여 정책연구의 중요성을 강조했다. 이와 더불어, 정책학 연구는 의제에 대한 문제지향성Problem-orientation, 시공간의 맥락지향성Contextuality, 연합학문성Multidisciplinary 특성을 가져야 한다고 주장했다.

첫째, 정책학에서 말하는 문제지향성은 우리가 사회에서 직면한 문제의 근본적인 원인을 파악하고 그에 대한 대안을 모색하는 것을 뜻한다. 이는 가치와 실제를 분리하고, 실증적, 과학적 방법론을 추구하던 행태주의에 대한 회의감에서 나온 것으로 볼 수 있다. 라스웰은 정책학의 문제지향성을 통해 적극적으로 현실 문제에 관여하여 그 해결방안을 모색해야 한다고 강조했다.

둘째, 정책학이 실질적으로 문제에 접근하고 해결하기 위해 시간적, 공간적, 정치적, 역사적 등 다양한 맥락 속에서 문제를 이해할 필요가 있다. 이를 맥락지향성이라고 한다. 사회 문제는 단순히 하나의 원인에서 파생되는 것이 아닐 뿐더러, 단순한 원인을 제거했다고 해서 문제의 본질이 해결되는 것은 아니다. 그래서 정책학 연구는 맥락적인 관점에서 정책 문제 인식부터 목표설정, 해결방안까지 제시하는 등 종합적인 관점에서 이루어져야 한다.

셋째, 정책학은 사회 문제의 해결을 위해 다양한 분야의 학문적 연합을 추구해야 한다. 이를 연합학문성이라고 한다. 하나의 사회 문제는 한 분야의 학문적 연구만으로 해결될 수 없다. 정책학은 사회학, 경제학, 심리학 등 복수의 학문들과 방법을 활용하여 사회 문제 해결에 기여해야 한다.

이러한 라스웰의 정책학 패러다임은 현대 정책학 연구의 효시嚆矢가 되었으며, 이후 정책연구들이 나아가야 할 방향을 잡아주는 이정표里程標가 되었다.

초점: 인간의 존엄성 실현을 추구하는 정책학

초점은 인간의 존엄성 실현을 추구하는 정책학이다. 정책학의 궁극적 목적은 '인간의 존엄성 실현'이다. 정책을 만들고 집행하고 평가하는 일련의 과정들이 모두 '사람 중심 사회', '인간의 존엄성 실현'에 두고 있는 것이 핵심이다. 라스웰은 정책학이, 정책과정뿐만 아니라 정책내용에 대한 연구를 통해 인간의 존엄성을 증진해야 한다고 역설했다.

현대사회가 발전함에 따라 복잡하고 다양한 문제들이 지속적으로 발생하고 있다. 그에 따라 정부 기능은 확대되고, 정부는 종합적이면서 전문적인 정책수립을 요구 받고 있다. 2020년을 목전에 둔 지금, 현대사회는 이전보다 더욱 고도로 과학화, 기술화되고 있다. 특히 4차 산업혁명의 바람이 불면서 인공지능, 로봇, 드론 등이 등장하며 정부는 관련 정책을 쏟아내고 있다. 발전한 기술 덕분에 인간은 어느 때보다 윤택한 삶을 누리고 있지만, 우리는 이러한 고도기술사회가 인간의 존엄을 보장하는 방향으로 진행되고 있는지 의문을 품을 필요가 있다.

로봇, 인공지능, 바이오 등의 융합으로 사이보그Cyborg의 탄생을 목전에 두고 있다. 기계가 인간에게 혜택을 주지만, 언제나 그 중심은 인간의 존엄성에 두어야 한다. 라스웰이 말한 것처럼, 정책학은 지속적으로 인간의 존엄성 실현을 목적으로 해야 한다. 그리고 다시는 원폭 투하와 같이 인류의 존엄성을 위협하거나, 일부 정치관계자들의 권력적, 경제적 가치만을 우선시하는 정책결정이 발생하지 않도록 예의 주시할 필요가 있다.

그래서 지금 우리는, 그 어느 때보다도 라스웰의 정신에 주목해야 한다. 그가 제창했던 정책학 패러다임, 그리고 그 휴머니즘의 본질을 다시금 새길 수 있어야 한다.

쉬어가기 라스웰의 생애사

라스웰은 1902년 미국의 일리노이주에서 태어나 교육열이 높은 부모 아래에서 성장했다. 책을 가까이 하던 부모님 덕분에 라스웰은 어린 시절부터 빌헬름 빈델블라트Wilhelm Windelblad, 카를 마르크스Karl Marx 등의 책을 읽었다. 독서광이었던 라스웰은 고등학생 시절 친구들 사이에서 천재로 통했으며, 교내 신문의 편집장을 지내면서 수석으로 졸업하였다(정철현, 2003).

라스웰은 16세의 나이에 시카고대학의 장학생으로 입학해서 20세에 경제학 학위를 받고 졸업했으며, 이후 유럽으로 건너가 제네바, 파리, 베를린 등에서 공부를 이어나갔다. 이때 라스웰은 지그문트 프로이트 Sigmund Freud를 연구하기 시작했는데, 이는 프로이트의 심리적 접근법을 정치학에 접목하게 된 계기가 되었다(송기인, 2015). 프로이트가 라스웰에 끼친 영향력은 정치학과 심리학을 접목한 그의 첫 저작, 《정신병리학과 정치Psychopathology and Politics》(1960)에서 뚜렷이 드러나는데, 그 대표적인 측면이 바로 정치를 정신병리적 관점에서 이해한 것이었다 (이재정, 2014).

그리고 라스웰은 다시 시카고로 돌아가, 1927년 세계 1차 대전의 선전 연구Propaganda Technique in the World War로 정치학 박사학위를 받았다. 당시 라스웰의 지도교수는 정치학자인 찰스 메리엄Charles E. Meriam 이었는데, 라스웰은 메리엄 교수의 영향을 받아 정치학의 행태주의적 연구에 몰두하기도 했다.

그는 평생을 학문에만 매진하였다. 밀리컨대학의 사회과학 교수를 시작으로 시카고대학, 콜롬비아대학 그리고 예일대학에서 교수생활을 하면서 많은 논문과 저서를 출판하였다. 라스웰은 미국 정치학에 행태주의를 도입한 메리엄 교수로부터 영향을 받았을 뿐만 아니라, 1920년대에 형성된 비엔나Vienna 학파의 거장으로 논리실증주의를 미국에 도입한 카르납 R. Carnap 교수로부터도 많은 영향을 받았다.

그러나 라스웰은 과학적 접근에 영향을 많이 받았음에도 불구하고 단순히 거기에 안주하지 않았다. 그는 정치행위자가 추구하는 가치를 복리 Wellbeing, 부Wealth, 기술Skill, 계몽Enlightenment, 권력Power, 존경 Respect, 애정Affection, 청렴Rectitude의 8가지로 분류하였다. 이러한 가치가 다수의 시민에 의해서 달성되면 인간의 존엄성은 증가되고, 그것이 바로 민주주의의 실현이라고 라스웰은 인식했다. 과거 정치사상가들이 추상적으로만 언급했던 자유, 정의, 민주주의라는 가치를 라스웰은 보다 과학적이며 체계적으로 정립하려고 한 데서 라스웰의 위대한 학문적 업적을 발견할 수 있다.

또한, 정책학의 접근을 단순히 행태주의에만 머무르지 않고 탈실증주의를 제창한 점, 정책학에 미래 가치를 강조하여 미래예측의 초석을 다진 점, 그리고 정책학과 인간의 존엄성 실현을 위해 긍정 심리를 강조한 점 등은 당시로는 시대를 매우 앞서가는 탁월한 통찰력이자 지혜였음을 알 수 있다.

말년에 라스웰은 예일대를 떠나 콜롬비아대에서 석좌교수로 재직하다가, 1976년 교수직에서 완전히 은퇴하면서 여생을 정책과학센터Policy Sciences Center에서 보내며 연구에 몰두했다.

1978년 그는 ≪세계 역사에 있어서 선전과 커뮤니케이션Propaganda and Communication in World History≫이라는 역작을 3권 출판한 뒤 세상을 떠났다(송기인, 2015).

정책학의 서문("Prolegomena to Policy Sciences")

드로어Yehezkel Dror 이야기

드로어의 고민: 정책학의 발전을 위해 무엇이 필요한가?

정책이란 "바람직한 미래 실현을 위한 가치와 행동의 복합체"이다 (H. Lasswell, 1951). 정책학에는 정책이 지향하는 가치와 그것을 달성하기 위한 수단에 대한 내용들이 담겨져 있다.

현대 정책학은 2차 세계대전 이후 미국에서 출발하였다. 세계대전이라는 총동원 전쟁을 수행하면서 체계적이고 과학적인 국가지침을 수행해야할 필요성이 높아졌을 뿐만 아니라, 원자폭탄이라는 막강한 전쟁도구를 어떻게 사용하는가에 따라 인류가 파국에 이를 수 있다는 심각한 위기감이 팽배해졌다.

이렇게 탄생한 정책학의 시작은 라스웰의 1951년 논문에서 밝히듯, "정책과 관련된 정보의 생산이 정교해짐에 따라 전문화Specialization"되었으며, 이는 다시 "전문적인 교육으로 구체화되어 정책 전문가Policy Specialist를 탄생"시킬 필요성으로 등장하게 되었다(H. Lasswell, 1971).

오늘날의 현대사회가 직면한 공공 분야의 문제들은 매우 복잡할 뿐만 아니라, 시민들의 다양한 행정수요가 함께 얽혀있다. 정책학의 아버지라 불리는 라스웰은 이러한 문제들을 해결하고, 정책의 궁극적 목적인 '인간의 존엄성'을 실현하기 위해서는 정책이 처한 맥락에 대한 분석이 매우 중요하다고 하였으며, 정책연구의 발전을 위해서는 다양한 연구방법론뿐만 아니라 정치학, 인류학, 생물학 등의 통섭적 접근이 필요하다고 강조하였다.

이러한 방법의 다양성에 대한 제언은 드로어Y. Dror의 후속연구를 통해 구체화되고, '최적모형'의 개발로 이어지게 되었다.

대안: 연합학문지향성, 통섭의 정책학

정책학은 문제 해결을 지향하고 시간성과 공간의 맥락성을 가지면서, 정치적 요소와 합리적 요소가 상호 역동이고 동태적인 과정을 거치면서 만들어진다(권기헌, 2014). 이렇듯 정책학은 순수학문이면서 응용학문으로서 연합학문지향성을 지닌다. 정책이란 이성과 합리성, 효율과 과학의 산물이면서, 동시에 가치와 갈등, 권력과 협상의 산물이기 때문이다.

라스웰의 제자인 드로어Y. Dror, 1970는 그의 기념비적인 논문, "정책과학 서설Prolegomena to Policy Sciences"에서 정책학의 목적은 정책결정체제에 대한 이해를 증진시키고 이를 개선하는 것이라고 보았다. 이를 위해 정책연구는 바람직한 정책결정을 위한 방법Methods, 지식Knowledge, 체제System에 관심을 두어야 한다고 주장하였다.

또한, 정책연구의 초점은 1) 정책분석Policy Analysis, 2) 정책전략Policy Strategy, 3) 정책설계Policy Making System Redesign에 있다고 하면서, 정책의 미래지향적 전략연구의 중요성을 강조하였다. 즉, 정책연구의 전략은 미래지향적 전망을 기초로 혁신적인 전략을 취할 것인지 아니면 점진적인 개선을 원할 것인지Innovative-incremental, 위험을 무릅쓸 것인지 아니면 위험을 회피할 것인지High risk-low risk, 전반적인 개혁을 할 것인지 아니면 부분적인 충격만 줄 것인지Comprehensive-shock, 장기적인 미래를 추구할 것인지 아니면 단기적인 미래만을 추구할 것인지Time Preferences 등을 먼저 정하고Mega-policy Making, 초정책결정Meta-policy Making, 정책결정Policy Making, 후기정책결정Post

-policy Making의 여러 단계를 밟아야 한다고 주장하였다(Y. Dror, 1970: 144-145). 더 나아가, 정부는 관료들의 초 합리성 증진을 위해 직관의 활용, 가치판단, 창의적 사고, 브레인스토밍Brainstorming을 통한 초 합리적Super-rational 아이디어까지 고려한 교육훈련이 필요하다고 강조했다.

초점: 최적모형의 탄생

드로어의 최적모형은 점증모형에 대한 비판과 합리성을 제고하고자 등장하였다. 점증모형에서는 정책결정과정에서 선택되는 대안이 기존의 정책이나 결정에서 점진적으로 개선해 나가는 것이며, 또 그것이 바람직하다고 설명한다. 그러나 이는 안정된 사회에서만 적용이 가능하나 급변하는 환경에서는 적용하기 어렵고, 안이한 정책결정을 조장하고, 정책결정의 기본 방향과 기준이 결여되어 있다는 한계점이 존재하였다.

드로어는 정책결정에는 경제적 합리성과 함께 직관, 판단력, 창의력과 같은 초 합리적 요소까지 동시에 고려해야 한다고 보았다. 이에 드로어는 정책결정모형으로서 현실주의와 이상주의를 통합한 규범적·처방적 모형인 '최적모형Optimal Model'을 제창하였다.

최적모형은 시간의 제한, 인적·물적 자원의 범위 내에서 경제성을 감안한 최대한의 합리성을 추구하며, 정책을 결정할 때 합리성뿐만 아니라 직관·판단·창의력 같은 초 합리성도 중요하다고 보았다. 이를 위해 경험이 많은 정책결정자의 중요성을 강조하였다. 또한 정책결정을 크게 세 단계로 나누고 이를 18개 하위단계로 세분화한 특징을 갖는다. 즉, 최적모형은 정책결정을 위하여 대안을 검토하고 선택하는 단순한 과정적 측면뿐만 아니라, 초 정책결정단계부터 정책결정 이후의 단계까지 정책결정의 구조적 틀까지 검토해야 최적Optimal의 정책결정을 할 수 있다. 이를 위해 계량적인 면과 질적인 면을 결합하고, 합리적 요소와 초 합리적 요소를 동시에 고려해야 하며, 현실주의와 이상주의를 통합할 필요가 있는 바, 드로어는 이러한 측면에서 통합적 정책결정모형을 제시한 것이다.

또한 드로어는 정책학에 미래예측을 도입한 최초의 제1세대 학자이다. 미래예측과 정책연구는 유기적 관계에 있다. 그는 정책결정의 전략을 제시함에 있어서 미래의 중요성뿐만 아니라, 미래의 장 단기적 시계에 따른 위험과 선호, 가치체계를 정책학에 통합시켰다는 점에서 학술적 공헌을 인정받고 있다.

현재 드로어는 90세가 넘는 나이에도 불구하고, 예루살렘 히브리 대학교의 명예교수로 지내면서 왕성한 집필을 하고 있다. 최근에는 ≪4차 산업혁명으로부터 인류를 구원하기 위한 새로운 비망록: 정치지도자들에게 주는 제언For Rulers: Priming Political Leaders for Saving Humanity from Itself≫이라는 책을 저술하여, 다가오는 인류의 위기에 대한 해결책을 제시하고 있다.

그는 인류 진화의 연장선상에서 지금 현재의 현생 인류는 실존적 위기를 맞고 있다고 진단하면서, 인류가 맞고 있는 위기의 실체를 밝히고 있다. 핵전쟁으로부터 오는 위기도 있지만, 1) 실험실 인간 복제, 2) 인공지능을 탑재한 영적 기계로서의 로봇의 등장, 3) 유전자 실험, 바이오와 나노의 결합을 통한 영생의 추구 등은 그 일부의 예에 불과하다. 그는 이러한 인류의 실존적 위기를 극복하기 위해서 지금 당장 인류의 정치지도자들이 심각하게 머리를 맞대어야 한다고 주장하면서, 구체적으로 어떤 정책지침Action Agenda이 필요한지에 대해서도 제안하고 있다.

노령의 석학이 생애 마지막 지점에서, 인류에게 던지는 진단과 경고 같다는 생각에 숙연해지는 대목이다. 한편, 후배 학자로서, 앞으로 전개될 새로운 정책학은 이러한 근본적 주제들에 대해 어떤 접근과 답변을 마련해 가야할 지, 좀 더 본질적인 고민과 성찰이 필요하다는 점에서, 큰 숙제와 화두를 얻게 된다.

쉬어가기 드로어의 생애사

드로어는 1928년 오스트리아 비엔나에서 태어났으며, 오스트리아가 나치독일에 의해 병합되자 1938년에 가족과 함께 영국이 위임통치 중인 팔레스타인(現 이스라엘 하이파 지역)으로 이주하였다. 그는 이후 2005년에 '이스라엘 상Israel Prize'을 수상하며 소감을 밝히는 자리에서, 고등학교를 다니던 이 시기에 유대민족의 미래에 대해 깊게 고민했다고 회고했다.

드로어는 예루살렘 히브리대학교에서 법과 정책, 사회과학을 공부하였고, 1957년에 하버드대학교에서 법학박사를 취득하였다. 졸업 후 법률가로서의 자리를 제의받았으나, 연구와 교육을 선택하기로 결정했다.

이후 여러 나라의 대학교 및 정책연구기관의 일원으로 활동하였으며, 미국 캘리포니아에 위치한 세계적인 정책분석연구소인 랜드연구소Rand Corporation에 최초의 비非미국계 연구원으로 근무하였다. 모교인 히브리대학교의 교수로 부임한 뒤 국제관계연구소에 참여하며 이스라엘 국방부의 정책기획 및 분석 분야의 자문으로 활동하였으며, 2002년 비영리기구인 유대인정책기획연구소Jewish People Policy Planning Institute의 창립회장으로서, 이스라엘 총리와 행정부에 자문역을 하고 있다.

현재 예루살렘 히브리대학교의 행정·정책과정 명예교수를 맡고 있는 그는 "행정부의 현실이 나의 연구실이다."라며 현재까지 왕성한 활동을 이어가고 있다. 주요 저서로는, 《Public Policy Making Reexamined》

(1968), ≪Design for Policy Sciences≫(1971), ≪Ventures in Policy Sciences≫(1971) 등이 있다. 본문에 소개한 최근 저서, ≪For Rulers: Priming Political Leaders for Saving Humanity From Itself≫(2018)는 한국어로도 번역본이 준비 중에 있다.

예측과 기획으로부터 정책학까지

("From Forecasting and Planning to Policy Sciences")

얀취Erich Jantsch 이야기

얀취의 고민: 미래를 대비하는 정책학을 상상해 볼 수 없을까?

정책학은 미래예측과 분리되어 생각할 수 없는 개념이다. 미래라는 시간의 축과 정책이라는 공간의 축이 상호보완적인 관계이기 때문이다(권기헌, 2014). 즉, 정책학의 궁극적 목표인 인간존엄성의 실현하기 위해서는, 미래의 상황을 과학적으로 예측하고 전략을 세우는 미래지향적 정책설계가 반드시 필요하다.

미래는 불확실성Uncertainty과 불확정성Indeterminancy의 속성을 가진다. 이 때문에 미래는 무한한 가능성이 열려 있으며, 단순히 더 나은 정책결과를 내려는 단편적인 목적이 아니라 국가 혁신을 위한 지식의 융합을 지향해야 한다.

때문에 정책학과 미래예측의 접목은 미래의 상황을 단순히 예견 Foresee이나 추세연장Forecasting하는 것이 아닌, 기술·조직·사회를 전체적으로 조망하는 의미의 미래예측Foresight이며, 여기서 더 나아가 바람직한 미래를 지향하기 위한 전략적·과학적 행위라고 말할 수 있다.

얀취E. Jantsch의 정책학적 기여도 바로 이 대목이다. 그의 학술적 활동무대였던 1960년과 1970년대의 유럽과 미국에서는 세계대전이 끝난 후 경제 발전기였으며, 2차 세계대전의 전략과 전술이 국가주도의 경제발전·과학기술 프로젝트로 확장되는 시기였다.

얀취가 고민했던 정책학과 미래예측의 융합도 이와 같았다. 만약 정책학을 이해함에 있어서 미래라는 관점이 포함되어 있지 않다면, 정책은 매우 점증적이고 선례답습적인 도구로 전락할 수 밖에 없다고 보았다. 그는 이러한 고민의 연장선상에서 정책학과 미래예측의 심도 깊은 접목을 시도하였다.

대안: 미래예측은 국가 정책설계의 중추

얀취E. Jantsch가 제시한 정책학 분야에서의 미래예측은 단순한 기술예측이 아니며, 이보다 한걸음 더 나아가 미래변화에 대한 탐구와 대안의 제시였다. 그의 혁신적인 논문, "예측과 기획으로부터 정책학까지From Forecasting and Planning to Policy Sciences"(1970)를 살펴보면, 미래예측과 정책기획이 정책연구의 핵심적인 역할을 담당해야 한다고 강조하고 있다. 또한 체제분석이나 관리분석이 아닌 정책분석이야말로, 국가의 미래를 조망하고 기획하고 설계하는 국가 최상위 차원의 창조행위가 되어야 한다고 역설하고 있다(Jantsch, 1970: 33-37).

얀취는 인간의 합리적인 창조 행위가 국가적인 혁신으로 이어질 수 있다는 신념에 기초하여, 인간의 합리적 창조의지Ratianal Creative Action가 정책결정Decision Making, 정책기획Planning, 미래예측Forecasting의 단계를 거쳐 국가혁신Innovation으로 이어질 수 있다고 보았다.

인간의 창조 행위를 관리적 계획이 이루어지는 행정기능, 전략적 계획이 이루어지는 목표설정기능, 새로운 미래지향적 규범이 창조되는 정책기획기능의 세 가지 차원으로 구분하고, 미래지향적 규범이 창조되는 정책기획기능이야말로 국가의 미래라는 가치가 창출되는 창조적 행위의 본질이라고 보았다. 따라서 이를 위해 정책기획은 미래예측과 밀접한 상호작용을 거쳐야 한다고 주장하였다.

또한 미래예측은, 국가의 미래를 예견Anticipate하고, 미래의 가능한 목표에서 실현 가능한 목표를 확률적으로 분석하는 행위Probabilistic Assesment라고 보면서, 이는 정책기획과 밀접히 연계하여 국가의 총체적 정책구조설계로 이어져야 한다고 주장하였다(E. Jantsch, 1970: 33-37).

초점: 국가혁신과 정책분석의 종합적 체계화

얀취E. Jantsch는 정책이 분석되는 과정을 크게, 정책분석(가치분석, 당위성; Ought), 체제분석(전략분석, 실현성; Can), 관리분석(운영분석, 능률성; Will)으로 이어지는 세 단계로 구분하였다. 이러한 세 단계는 각각 '목적 지향성Know-Where-to', '내용 지향성Know-What', '방법 지향성Know-How' 으로 바꾸어 이해할 수 있다.

첫째, 정책분석은 정책이 내포하고 있는 마땅히 그래야 할 당위성과 정책의 궁극적 지향점인 인간의 존엄성에 대한 가치분석을 의미한다. 미래에 대한 예측은 타당성Relevance과도 밀접하게 연결되어 있다.

둘째, 체제분석은 정책의 기본 틀에 대한 구조적 설계이며, 가능한 활동과 변화에 대한 내용분석이다. 전략적 차원에서 운용 가능한 활동에서부터 전략 시스템 구조에 대한 체제분석과 실현가능성 등을 탐구하는 단계이다.

셋째, 관리분석은 정책구조 내에서의 상호작용과 달성할 수 있는 행정 운영적 차원의 능률성 분석이다. 정책이 예상했던 대로 정책집행단계에서 효과적으로 작동하는지, 그리고 목표한 바와 비교했을 때 효과성과 능률성 등에 대해 점검하고 평가하는 단계이다.

이처럼, 얀취의 정책학과 미래예측학과의 학제적 접목은 그 당시로는 매우 선구적인Avant-Garde 학술적 공헌이었다. 또한 국가 최상위 차원의 정책분석을 전략분석 및 관리분석과 연계하여, 국가혁신의 종합적인 목적, 방향, 전략을 제시했다는 점에서도 매우 중요한 학술적 기여로 평가받고 있다.

—— 쉬어가기 얀취의 생애사

얀취E. Jantsch는 1929년 1월 8일 오스트리아에서 태어난 미국 미래 학자로서, 1951년 비엔나대학교에서 천체물리학 박사학위를 취득하였다.

비엔나대학교의 천문학자로서 경력을 시작하여, 스위스를 포함한 유럽 등지에서 물리학자와 엔지니어 연구원으로 활동하였으며, UC버클리를 포함하여 다수의 연구기관에서 강의와 연구를 하였다.

얀취는 20개에 이르는 국가와 국제기구의 고문이었으며, 인류와 지구의 미래에 대해 해결방안을 고민하는 비영리단체인 '로마클럽'의 창립멤버로도 활동하였다. 또한 1971년 유엔 자원위원회에서 오스트리아의 대표로도 참석하였다.

그는 천문학도였지만, 1960년대 이후 관심이 높아진 미래학 분야까지 학문적 영역을 넓혔으며, 기존에 존재하는 미래예측과 과학연구가 가치중립적이지 않다는 비판의식을 갖고 있었다. 그의 미래에 대한 학술적 호기심은 "기술적 전망Technological forecasting in perspective"(1967)에서 출발하였고, "기술적 계획과 사회적 미래Technological planning and social futures"(1972)에서 미래상을 구체화하기 위해 인간과 사회에 대해 이해를 거듭 강조하였으며, 그의 미래에 대한 고민은 ≪자기조직적 우주The Self-Organizing Universe≫(1979)라는 저서의 집필로 이어졌다.

　얀취는 비록 51세의 이른 나이로 세상을 떠났지만, 그의 학술적 공헌은, 그가 쓴 많은 저서들과 논문 및 국제기구의 보고서들을 통해, 오늘날까지 정책학, 사회학, 생태학 분야에 무수히 많은 영향을 끼치고 있다.

실천적 이성이란 무엇인가("Recommending a Scheme of Reason")

앤더슨Charles Anderson 이야기

앤더슨의 고민: 어떤 정책이 좋은 정책일까?

앤더슨Charles Anderson은 정책이론이 보다 나은 공공정책을 만들기 위한 사유체계를 제시해야 한다고 생각했다. 현대 정책결정에 있어서는 수많은 정책 이해관계자들이 참여하는데, 이들은 모두 각자 개인적인 신념이나 사유체계가 다를 수 밖에 없다. 따라서 정책이론에서 중요한 것은, 무엇이 좋은 정책인가에 대한 공통된 신념이나 가치체계에 대한 기준이나 철학을 정립할 필요가 있는 것이다. 이에 앤더슨은, 정책이 좀 더 개인들에게 자유성을 부여하고, 민주적이고 성찰적이 되려면 어떠한 철학이 필요할지에 대해 사유하고 숙고하게 된다고 보았다. 이에 이러한 과정, 즉 문제 해결을 위한 새로운 방법을 고민하며 더 나은 방안을 마련하는 과정을 '앤더슨의 사유과정'이라고 부른다.

앤더슨은 오랜 시간 이어져 내려온 정책학과 사회과학의 전통을 검토한 결과로서 인간행위의 이성을 설명하는 3가지 틀, 즉 1) 공리주의적 경제모형Utilitarian Calculation, 2) 자유주의적 정치모형Liberal Rationalism, 3) 실천적 이성에 기초한 숙의모형Practical Reason and Deliberative Democracy 을 제시했다.

대안: 정책결정을 위한 사유의 전략

앤더슨은 제1의 이성으로서의 공리주의적 경제모형과 제2의 이성으로서의 자유주의적 정치모형만으로는 한계가 있다고 주장하면서 실천적 이성에 기초한 숙의모형, 즉 제3의 이성이야말로 민주주의 정책학을 실현하는 중요한 정책분석모형이라고 강조했다(권기헌, 2007: 198). 이는 경제학적 효율성, 정치학적 민주성을 넘어서 제3의 이념이 필요하다는 통찰을 제시해 주는 것이다.

(1) 공리주의적 경제모형

공리주의적 경제모형Utilitarian Calculation은 좋은 정책의 판단기준을 경제학적 사고에 둔다. 정책과학의 전략 중 하나로 경제분석에 토대를 두며, 좋은 정책의 판단기준은 '최대다수의 최대행복'이라고 하는 다분히 공리주의적 가치에 두는 것이다. 개인이 주어진 기회를 바탕으로 최적의 만족감을 지향하며, 사람들이 자연스럽게 사유에 참여하며, 개인의 만족 극대화를 위해 공리주의가 최적의 사유라 믿는 것이다. 앤더슨은 공리주의적 경제모형을 지향하면서, 공공정책의 타당성을 검증한다면, 정책결정과정에서 B/C분석 등 명확한 기준을 제시할 수 있는 장점은 있다고 보았다.

하지만 이러한 사유는 곧바로 문제점에 봉착하게 되는데, 가령 최대다수가 원하는 일이면 그것이 어떤 일이라도 정당화될 수 있는가 하는 것이다. 마이클 샌델은 ≪정의란 무엇인가≫에서 공리주의에 기초한 정의관의 문제점을 지적하며, 극단적 예이긴 하지만, 로마제국의 콜로세움에서 로마시민들이 행복해 하고 원하는 일이면 검투사가 사자와 결투하는 것을 용인해도 되는지 되묻고 있다.

(2) 자유주의적 정치모형

자유주의적 정치모형Liberal Rationalism은 좋은 정책의 판단기준을 정치학적 사고에 둔다. 정책과학의 전략 중 하나로 정치분석에 토대를 두며, 좋은 정책의 판단기준은 '자유주의'의 가치에 둔다. 자유에는 정치적 자유와 경제적 자유를 포괄한다. 인간 내면의 본연적 이성에는 정치적으로 자유로우며 경제적으로도 빈곤을 벗어난 자유를 갈망하는 욕구가 있다. '자유'야말로 인간의 삶에서 매우 중요한 가치를 지닌다. 인간은 누구에게나 정치적 자유와 경제적 자유를 누릴 권리가 있다는 것이다.

앤더슨은 자유주의적 정치모형을 개인의 이익 혹은 만족감을 우선시하는 공리주의 모형에서 한발 더 나아간 모형으로 평가하고, 합리적인 개인이 만족스러운 삶을 영위하기 위해 타인과 함께 공동체를 형성하여 다른 사람의 권리를 존중하며 자신의 이기심을 절제하게 된다면, 개인의 자유를 넘어 공동체의 자유를 향유할 수 있다고 보았다. 이러한 기준점이 잘 지켜진다면, 공동체의 구성원들이 서로 다른 그들의 문화나 전통, 역사 등과 무관하게 사회적 신뢰나 긍정 심리 자본을 형성할 수 있을 것이다.

하지만, 이러한 자유주의 모형도 한계에 봉착하게 되는데, 마이클 샌델의 비판에 따르면, 자유가 정의 혹은 행복의 기준으로 등장할 수 있는가하는 문제이다. 역시 극단적인 예이긴 하지만, 가령, 콩팥 등 장기 매매라든지 대리모의 문제에서 보듯이, 나의 신체이므로 매매하는 것은 나의 자유라고 주장할 수 있는가 하는 문제점에 봉착하는 것이다.

이에, 앤더슨은 실천적 이성에 기초한 숙의모형이야말로 민주주의 정책학을 실현하는 중요한 정책분석모형이 되어야 한다고 강조하고 있다(권기헌, 2007: 198).

(3) 실천적 이성에 기초한 숙의모형

실천적 이성에 기초한 숙의모형Practical Reason and Deliberative Democracy
은 좋은 정책의 판단기준으로서 경제학과 정책학의 사고를 넘어서
야 한다고 본다.

정책과학의 전략 중 하나로 정책분석에 토대를 두며, 좋은 정책의
판단기준은 '공리주의'나 '자유주의'에만 매몰되지 말고, 공리와 자유
를 포괄하되 참여와 숙의를 중요시한다.

실천적 이성Practical Reason이란 민주사회 시민이라면 누구나 가지
는 사회공동체의 공공선과 보다 창조적인 미래를 추구하는 인간 내
면에 존재하는 보편적인 의지이다(Charles Anderson, 1993: 223). 그리고
실천적 이성에 기초한 숙의 민주주의란, 정책과정에 있어 다양한 이
해관계자들의 많은 참여와 논의, 숙의와 담론을 지향하는 실천적 이
성에 기초하여 정책윤리와 정책토론을 행하는 것을 의미한다. 민주
주의 정책학을 완성하는 데 있어서 실천적 이성과 이에 기초한 숙의
적 토론과정을 매우 중요시하는 것이다.

실천적 이성은 다음의 여섯 가지 특징을 갖는다.

첫째, 실천적 이성은 특별하지 않은 아주 흔한 인간의 능력이다.
둘째, 인간은 자의식을 가지며, 이루고자 하는 목표와 목적에 대하여 사유
　　　한다.
셋째, 인간은 모든 문제에 있어 사고하며 반성한다.
넷째, 인간은 모든 사안에 대해 비판적으로 사유한다.
다섯째, 인간은 의미 있는 그리고 가치 있는 결정을 내린다.
여섯째, 인간의 사안에 대해서 좋고 나쁨에 대해 판단해야 하는지, 옳고 그
　　　름에 대해 판단해야 하는지 분간할 수 있다.

이와 같은 실천적 이성을 바탕으로, 인간은 정책에 대한 바른 판단과 함께 향상시킬 방안을 강구하며, 숙의를 통해 정책을 결정하는 것이 가장 바람직하다는 것이다.

초점: 실천적 이성에 기초한 숙의 민주주의

플라톤은 인간이 지닌 선善의 의지에 대해 "우리들의 이상理想 속에 절대선絕對善이 존재하며, 실로 알면 그리 행하게 된다."고 말하였다. 아리스토텔레스는 인간의 앎이 완성된 지적 수준인 궁극의 목적, 즉 텔로스Telos에 도달했는지를 물으며, 인간의 의지와 함께 행行함이 이루어져야 실천적 이성이 이루어진다고 보았다.

앤더슨은 정책형성과 평가에 대하여 사유의 전략을 제시했다. 이를 바탕으로 공리주의적 경제모형, 자유주의적 정치모형, 실천적 이성에 기초한 숙의 민주주의를 제시했다. 무엇보다도, 정책학의 본질인 인간의 존엄성에 도달하기 위해서는, 인간의 공동선公同善과 인간의 이성理性에 대한 깊은 고찰이 담긴 실천적 이성에 기초한 숙의 민주주의가 매우 소중하게 다가온다.

앤더슨이 제시한 실천적 이성에 기초한 숙의 민주주의는 행정가 혹은 정책행위자들이 직업 관료로서의 책무성과 함께, 시민으로서의 책임성을 일치시켜주는 정책모형이라고 할 수 있다.

2017년 우리나라는 그동안 많은 갈등이 있었던 신고리 5·6호기 건설재개 여부를 공론화하여 사회적 합의를 도출한 바 있다. 이는 실천적 이성에 기초한 숙의 민주주의 성공사례라고 할 수 있다. 정책학에서 강조하는 숙의 민주주의의 핵심적인 과정인 숙의(심의 혹은 토의)를 통해 충분한 정보와 지식을 갖추게 하고, 이를 갖춘 능동적, 성찰적 시민들이 상호 의견수렴을 통해 성숙한 공동체의 의사결정에 도달한 것이다. 공론화 과정에서 정부는 어떤 간섭이나 개입도 하지 않고 중립원칙을 지키고, 성, 연령, 입장이 다른 구성원이 한 분임(소그룹)이 되어 다양한 의견을 나눔으로써, 나와는 다른 관점과 생각이 있다는 것을 이해하고 존중하는 가운데 경청하는 분위기를 만들었고, 참여한 시민들은 이러한 환경 속에서 서로의 의견을 교환하며 쟁점에 대한 심도 깊은 토론과 숙의의 시간을 가졌다.

이처럼, 실천적 이성에 기초한 숙의 민주주의 모형은 다양한 정책 갈등문제를 해결하는 데 중요한 의의를 지니는 바, 향후 우리나라의 다른 국책갈등과제에 대한 사회적 합의를 이끌어내는 데 있어서도 중요한 지침으로 작용할 수 있을 것으로 기대된다.

쉬어가기　앤더슨의 생애사

앤더슨은 위스콘신대학에서 정치과학 교수로 재직했다. 앤더슨은 1955년 그린넬대학에서 학사학위를 취득했으며, 1957년 존스홉킨스대학에서 석사학위를 취득했고, 1960년에 위스콘신대학교에서 박사학위를 취득했다. 1967년에는 위스콘신대학교의 교수가 되어 정치과학자로서 전 세계에 명성을 떨쳤다.

또한 그는 멕시코, 라틴 아메리카 국가 및 스페인의 정치·경제에 대한 수많은 연구를 통해 권위자가 되었다. 그는 특히 라틴 아메리카의 정치 및 경제 발전에 관한 교육 및 연구에 중점을 두어 여러 권의 책을 저술하며, 라틴 아메리카의 정치와 경제적 변화, 스페인의 정치 경제 등에 관심을 가졌다.

1983년에는 홉킨스대학의 정치과학대학의 학장으로 임명되었다. 또한 그는 1990년에 "실용주의적 자유주의"를 저술하며 정치이론에서 최고의

상인 스피츠상Spitz Award을 수상했다. 은퇴 이후 그는 여가학습협회에서
여러 수업을 가르치며 봉사했으며, 2013년 4월 10일에 78세의 나이로 타
계했다.

II

현대정책모형:

정책학의 이론모형

POLICY

정 책 학 콘 서 트

PART II

현대정책모형:
정책학의 이론모형

정책결정모형
앨리슨Allison 이야기

앨리슨의 고민: 어떠한 결정이 가장 국익에 영향을 미치는가?

쿠바 미사일 위기 사건에 대해서 들어본 적이 있는가? 이는 인류를 3차 세계대전으로 몰고 갈 뻔 했던 사건이었다. 이때 미국과 소련 간 핵전쟁이 실제로 발생했다면, 인류는 지금과 같은 형태로 생존해 있었을지, 상상도 하기 싫은 그런 핵전쟁의 위기가 1962년 10월에 발생했었다.

당시 소련의 흐루시초프 공산당 서기장은 비밀리에 쿠바에 소련의 핵미사일을 설치했다. 미국에서 불과 120여 킬로미터 떨어진 쿠바에 사정거리 1700~3500킬로미터에 핵탄두를 탑재할 수 있는 중거리 탄도 미사일 기지를 건설 중이었던 것이다. 이는 우연히 미국의 U-2 정찰기에 의해 발견되었는데, 즉각 보고를 들은 미국 대통령 존 F. 케네디는 격앙하였다.

케네디 대통령은 즉각 미국 군사안보회의를 소집하고 백악관 지하벙커에 비상준비체제에 돌입했다. 정상업무를 중단하고 비상사태를 선언한 케네디는 수일간의 고민 끝에 전면 공격태세를 갖춘 다음 쿠바에 대한 해상봉쇄령이라는 초강수 명령을 내렸다. 동시에 소련의 당서기장 흐루시초프에게 쿠바로부터의 어떠한 미사일 발사도 미국의 소련에 대한 전면적 보복공격으로 이어질 것이라고 경고하고, 24~48시간 이내에 미사일을 철수할 것을 요구하는 최후 통첩을 띄웠다. 이에 질세라 흐루시초프는 미국의 해상봉쇄는 세계를 핵전쟁으로 끌고 갈 공격적 행위라고 지적하였고, 계획대로 미사일을 실은 소련의 핵항공모함들이 쿠바로 향해 미국의 해상봉쇄선에 접근하였다. 그야말로 일촉즉발의 세계 핵대전 발발 직전 상태였다.

미·소 핵무기가 대치하는 세계 초유의 긴장된 몇 시간이 흐른 뒤 소련 핵항공모함들은 미국과의 직접적인 군사적 충돌을 피해 뱃머리를 돌렸다. 그 후 곧바로 흐루시초프는 쿠바의 미사일 기지를 폐쇄하였고, 이렇게 13일간 위기 상황은 종식되었다.[2]

당시 케네디 대통령의 결정에 흐루시초프가 충돌할 확률은 절반 이상이었던 것으로 전문가들은 평가했다. 그만큼 절박한 상황이었고, 확률이 그렇다면 그건 도박이었다. 그건 바로 세계 초유의 핵전쟁으로 이어질 수 있었던 아주 위험한 승부였다.[3]

소련은 왜 쿠바에 공격용 전략 미사일을 배치했을까? 미국은 왜 해상봉쇄선을 설치하는 것으로 응수했을까? 소련은 왜 결국 미사일을 철수했을까?[4]

앨리슨G. Allison은 쿠바 미사일 위기 사태를 둘러싼 미국과 소련의 정책결정의 본질에 대해 고민하면서, 이를 학술적으로 풀고자 했다.

대안: 다양한 이해관계자들을 고려한 정책모형의 제시

앨리슨은 개념적 준거 틀 혹은 안경을 바꾸어 끼면 세상이 분명히 달라 보인다는 점을 증명하려 했고, 세 가지의 정책결정모형을 제시하였다. 기존의 국가 행위자를 단일체로 보는 시각을 넘어, 국가 행위자를 보다 세분화해서 정부조직의 연합체, 고위 관료 혹은 참모들의 전략적 행위에 의한 정책결정모형을 제시하게 된 것이다. 그것이 바로 유명한 앨리슨 모형으로서 합리적 행위자 모형(Model I), 조직과정모형(Model II), 관료정치모형(Model III)을 말한다.[5]

(1) 합리적 행위자 모형

합리적 행위자 모형(Model I)은 정부를 잘 조정된 유기체로 간주한다. 합리적 행위자 모형은 국가정책의 결정주체를 국가(정부)로 본다. 국가를 분석의 기본단위로 삼아 정부의 전략적인 목표를 극대화하기 위한 최선의 정책을 도출한다는 것이다. 하지만, 합리적 행위자 모형이 이루어지는 것은 현실적으로 매우 어렵다는 한계가 있지만, 합리적 행위자 모형은 정책결정의 규범적 이상을 제시한다는 점에서 의의를 가진다.

(2) 조직과정모형

조직과정모형(Model II)은 정부를 반독립적인 하위조직들이 느슨하게 연결되어 있는 연합체로 간주한다. 하위조직을 통해 만들어진 정책들은 표준운영절차Standard Operating Procedures: SOPs와 조직프로그램Program Repertories에 의해 미세한 수정과정을 거치면서 정책으로 채택된다. 또한 정부의 각 조직은 우선순위에 따라 문제에 대한 자기 나름의 인지방법과 해결방법을 가지고 있다.

(3) 관료정치모형

관료정치모형(Model Ⅲ)은 서로 독립적인 정치적 참여자들의 개별적 집합체로 간주한다. 관료정치모형은 국가정책의 결정주체를 고위 정책결정자들 개인으로 본다. 즉, 합리모형(정부), 조직모형(정부 하위조직)이 아닌, 정책결정자 개인을 정책결정의 주체로 보는 것이다.

관료정치모형은 앞선 두 모형에 비해 조직의 목표 공유도가 낮으며, 정치적 요소에 초점을 두고 있다. 정책결정과정에 참여하는 관료 개인은 국가나 조직의 이익을 위해 집단의 의사결정이 아닌, 관료 개인이 생각하는 국가, 조직, 개인의 이익을 위해 행동한다고 보는 것이다. 다양한 이해관계자가 함께 참여하는 정책결정과정은 정치적 결탁이나 상호편의추구와 같은 형태의 적극적인 협력과 협조의 형태로 나타난다.

초점: 정책결정을 위한 다양한 렌즈

앨리슨G. Allison은 정책결정모형의 전기를 마련했다. 기존의 경제학자들이 주장했던 합리적 행위자 모형을 넘어 조직과정모형, 관료정치모형까지 제시함으로써 개인, 조직, 정치를 통합한 정책결정모형을 선보인 것이다. 앨리슨 모형은 우리가 정책현상을 분석하는 데 있어서 하나의 렌즈가 아닌 여러 가지의 렌즈가 존재한다는 것을 보여줬다는 점에서, 커다란 학술적 공헌을 지닌다.

앨리슨의 정책모형은 복합적인 정책결정을 다각도에서 바라보고 있다. 합리적 행위자 모형과 조직과정모형, 관료정치모형은 서로가 바라보지 못하는 시각을 각자의 관점에서 보완하고 있는 것이다.

가령, 흐루시초프의 상황판단에 대해서 합리적 행위자 모형의 관점에서 바라보자면, 흐루시초프는 주변의 수많은 정치적 라이벌과 보좌관마저도 제대로 조직되지 않은 모습으로, 굉장히 한정적인 정보를 바탕으로 의사결정을 한 것으로 파악되는 바, 그의 결정은 매우 불합리한 것으로 보인다. 즉 비용과 효과의 측면에서 그가 택한 선택은 매우 불합리적인 것으로 간주될 수 있었다.

하지만, 조직모형의 측면에서 바라보자면, 이는 최고 통치자의 의지와는 무관하게 정부의 하위조직들 간의 역학관계Organizational Process에 의해서 결정될 수 있다는 것을 보여준다. 또한 관료모형에서는 대통령 주변의 고위 정치행위자 혹은 핵심 참모들 간의 고도의 정치적 게임Political Game에 따라 결정될 수도 있음을 보여주는 것이다. 이는 얼마든지 합리성이 배제된 채 자신들의 정치적인 지향을 위한 미사일 배치 결정이 이루어질 수 있었다는 점을 확인시켜 주는 것이다.

쿠바 미사일 위기의 사례와 같이 우리나라가 겪고 있는 북한의 핵 문제에도 이러한 앨리슨의 모형을 적용해 볼 수 있다. 합리적 행위자 모형에서 바라본 북한은, 핵보유를 통해서 전 세계적으로 이루어지고 있는 비핵화 논의에 반하며, 이에 따른 국제적 고립, 주변국의 군사적 긴장감을 높이는 것에 따르는 군사적 제재, 경제적인 제재 등을 감수하고 있다.

하지만 조직과정모형의 관점에서 바라본다면, 북한의 핵미사일 발사 등의 위기를 사전적으로 예방하기 위해 각 하위조직들의 대응 절차를 잘 관리해야 한다는 점을 알려주고 있다. 적의 도발 및 전쟁 등의 긴급 상황에 하부 부처가 적절히 대응하지 못한다면, 이는 더 큰 2차 피해로 이어질 수 밖에 없기 때문이다.

또한 북한 내부의 급작스런 정치적 변화로 인한 급변사태나 긴박한 형태의 정책결정에 대해서도 세심한 주의를 놓치지 말아야 한다.

북한 내부의 정치게임으로 인한 핵전쟁이라는 선택지는 결코 선택이 불가능한 키워드가 아님을 인지해야한다.

앨리슨의 생애사

미국의 정치학자 그래엄 앨리슨은 1940년 3월 노스캐롤라이나 샬롯에서 태어났다. 그는 1962년에 하버드대학에서 학사학위를 받았으며, 이후 1964년에 옥스퍼드대학교에서 장학생으로서 2년만에 학사학위를 취득했다. 그는 굉장히 총명했고, 철학, 정치, 경제에서 최우수졸업생 상을 수상하며 석사학위를 받았다. 이후 그는 하버드대학교로 돌아와 1968년에 정치학 박사학위를 취득했다. 그 이후 1968년 전임강사를 시작으로 하버드대학교 정치학과 교수로서 재직했다. 1971년에 ≪Essence of Decision: Cuban Missile Crisis Explain The Cuban Missile Crisis≫를 출판하여, 쿠바 미사일 위기에 대해 서술하며, 이후 합리적 행위자 모형, 조직모형, 관료정치모형으로 정책결정모형을 통합하는 등 학술적인 기여로 유명세를 떨쳤다. 1970년대 이후 핵무기와 테러리즘에 관심을 갖고 대통령 안보보좌관으로 입각하여 미국의 안보 및 국방정책을 주도적으로 분석하고 자문하는 등 현실 정치에도 큰 기여를 하였다.

정책확산모형

베리William Berry & 베리Frances Berry 이야기

베리 & 베리의 고민: 정책혁신, 분열된 이론

정책의 핵심은 혁신과 확산에 있다. 윌리엄 베리와 프랜시스 베리 William Berry & Frances Berry는 정책혁신과 확산에 초점을 두고 연구한 부부학자이다. 그들은 그동안 정책혁신연구는 행위자 개인의 동기부 여와 지역의 내부요인에만 치중되어 있다는 점을 발견하고, 타 지자 체 혁신의 모방을 통한 확산효과 즉, 외부요인은 결여되어 있음을 발견했다.

베리와 베리가 연구를 진행하던 시대는 1980년대 미국이다. 당시 미국은 경제 대공황 극복 이후 민주당이 집권하면서 국가의 복지정 책이 늘어난 시기였다. 이로 인해 정부는 거대해졌고 재정적 적자가 가속화 되던 시기였다. 이러한 분위기 속에서 공화당의 레이건 대통 령이 당선되고 비대해진 정부를 축소시키기 위해 레이거노믹스를 시행한다. 레이거노믹스Reaganomics는 정부규제 완화, 세금 대폭 삭 감, 방만한 복지예산 삭감 등으로 이루어졌으며, 이는 레이건 행정 부의 신자유주의적 마인드를 보여주는 부분이었다.

이러한 정책기조는 주 정부의 측면에서 재정적 딜레마를 가져오 도록 만들었다. 미국의 전체적인 경기침체와 세금 삭감은 주 정부의 재정 압박으로 이어졌고, 이에 대한 세금 충당을 위해 국가복권도입 정책이 도입되는 현상을 가져온다. 이러한 분위기 속에서, 윌리엄 베리와 프랜시스 베리는 비대해진 정부에 대한 원인을 파악하고, 이를 이겨내고자 정책의 혁신과 혁신의 확산과정에 대해 연구를 진행하였다.

그러나 윌리엄 베리와 프랜시스 베리는 기존의 연구자들과는 다른 방법론을 제시하게 된다. 기존의 연구에서는 지역 내에서 혁신이 일어나는 측면과 외부에서 들어오는 요인을 구분지어 연구를 진행하였다.

지역 내부에서 요인을 찾는 경우, 주 내부에서 일어나는 정치, 사회, 경제적인 측면만 고려하고 외부에서 들어오는 요인에 대해서는 연구에 반영하지 못하였으며, 지역 외부에서 요인을 찾는 연구의 경우 지역 내부의 요인들을 반영하지 못하는 측면이 존재했다. 이 두 가지 연구방법은 서로 융합되지 못하였는데, 이에 윌리엄 베리와 프랜시스 베리는 새로운 모형의 제시하며 지역 내부의 요인과 외부의 요인에 대한 통합을 추구했다.

대안: 하나로 통합된 정책혁신모형의 제시

윌리엄 베리와 프랜시스 베리는 정책혁신의 확산과 변화에 대한 설명에 관심을 가졌다. 그들이 작성한 1990년의 논문 "State lottery adoptions as policy innovations: An event history analysis"는 그들의 정책적 마인드를 보여주는 핵심 논문이다. 이 연구에서 두 교수는 "새로운 정책을 수용할 때 정부는 어떤 점을 고려하는가?"에 대한 질문을 던진다. 선행연구에서 많은 학자들은 두 가지의 원인을 제시하였는데, 그 중 하나는 '지역적 확산이론'이며 나머지 하나는 '내부결정요인모형'이었다.

첫째, '지역적 확산이론'은 정책혁신에 대한 제도를 도입한 지역으로부터 인접지역으로 확산되는 이론이다. 하지만 이 이론은 내부의 정치 및 사회경제적인 요인들을 반영하지 못하고, 정책이 채택되는 이유를 지역적 확산으로만 보는 경향이 있었다.

둘째, '내부결정요인모형'은 '지역적 확산이론'과는 반대로, 내부의 정치, 사회경제적인 요인들만으로 설명하는 모형으로, 외부의 요소에 대한 반영이 이루어지지 못하고 있었다. 당시에는 두 모형을 통합하는 마땅한 방법이 존재하지 않았으며, 두 이론의 차이점을 극복하고 하나의 모형으로 제시하지 못하고 있었다.

베리 & 베리 교수는 이러한 접근법들을 비판하고 융합할 수 있는 정책혁신모형에 대한 연구를 진행했다. 정책혁신에 대해서 내부적인 요인은 필수적으로 반영이 될 뿐만 아니라 외부적인 지역에 대한 영향이 반드시 존재한다고 생각한, 베리 & 베리 교수는 여러 가지 관점을 가지고 요인을 분석하는 한편, 국가 복권정책의 사례를 가지고 연구를 진행했다.

베리 & 베리 교수는 먼저, 무어의 이론을 적용하여 연구하였다. 무어의 이론에 따르면 정책혁신은 혁신에 대한 동기, 혁신을 막는 장애물에 대한 강도, 장애물을 극복하는 자원들의 사용으로 나누어 볼 수 있다. 이러한 동기와 장애물 그리고 이를 극복하는 자원은 국가 내부의 요소로 바라볼 수 있으며, 베리 & 베리 교수는 이 이론을 바탕으로 국가 복권정책 사례를 설명하였다.

또한, 베리 & 베리 교수는 '사건사분석Event History Analysis'이라는 실증적 분석기법을 사용하여 기존의 연구와는 다른 주장을 하였다. 사건사분석은 정책의 변화를 특정 시점에 한 사건을 기준으로 두고 해당 사건이 발생한 요인을 검토하는 기법이다. 이때 발생요인은 양적인 변화가 아닌 질적인 변화로 구성되며, 해당 요인들이 개인이나 집단에 일어나는 변화를 측정하고 설명하게 해 준다.

베리 & 베리 교수는 위의 이론과 방법을 통해서 국가 복권정책에 대한 새로운 통합적인 확산이론을 제시하는 데 성공하였다. 국가 복권정책이 정부의 재정상태가 불안정하고 선거와 가까운 연도이며 여당의 힘이 강력할 때 그리고 다른 지역이 도입한 경우가 많을수록 복권정책을 도입하는 경향이 높아지는 결과를 도출한다. 이는 주의 재정 상태와 주의 정치 상황을 반영하면서도 많은 인접 주에서 복권정책이 시행될수록 복권정책이 도입될 확률이 높아진다는 '이웃효과'와 '확산효과'를 실증적으로 보여준 것이다. 이러한 점들을 토대로 무어의 이론을 바탕으로 한 정책확산모형이 탄생할 수 있었으며, 이는 '내부결정요인모형'과 '지역적 확산이론'의 통합모형을 의미하였다.

이 논문 이후에도, 자신들의 이론을 견고하게 하기 위한 논문인 "Tax Innovation in the States: Capitalizing on Political Opportunity" 를 발표한다. 해당 논문에서는 세금 혁신에 대한 내용을 담았으며, 세금정책 혁신의 확산에 대해서 국가의 경제적 상황과 선거주기 등의 정치적 요소, 국민의 재정건전성을 비롯한 지역적 확산요인을 추가하였다. 이 연구는 정책혁신 확산에 경쟁과 학습, 국민들의 압력 그리고 정부형태 요인 등을 추가하여, 정책확산에 대한 이론적 스펙트럼을 넓힌 것으로 평가되었다. 이후에도 꾸준한 연구 활동을 펼치면서 베리 & 베리 교수는 정책확산에 대한 새로운 모형을 제시하고, 이를 미국 정부역사에 적용하면서 새로운 이론을 확고히 구축하였다.

초점: 논리실증주의의 엄밀함, 통합이론의 제시

베리와 베리Berry & Berry 연구는 정책혁신과 확산모형에 큰 기여를 했다. 정책은 결정을 통해 새로운 혁신이 도입되며 혁신은 확산을 통해 공유되어야 한다. 특히 베리와 베리 모형은 지자체 혁신연구에 있어서 타 지자체의 정책혁신의 모방효과를 고려함으로써 정책혁신 연구에 분기점을 마련하였다.

정책혁신과 확산은, 정책혁신의 모방효과로 인해, 시간의 축에서 S-자 커브 모양을 그리며 진행됨을 밝혔으며, 지역적 확산모형과 국가적 상호작용모형을 제시하는 한편, 국가적 차원에서 혁신의 일반모형을 제시했다. 정책혁신의 일반모형은, 지자체가 가진 동기부여, 자원과 장애요인, 타지자체의 정책, 모방효과 등을 종합하여 한 지자체가 특정시점에 갖게 되는 정책혁신과 확산효과를 측정한 것이다.

정책혁신에 대한 연구는 1960년대부터 활발하게 연구되었다. 그 이후 정책혁신에 대한 연구가 지속적으로 생겨났으며, 각각의 모형에 대한 학자들의 연구가 많이 도출되었다. 그럼에도 불구하고 정책혁신의 확산이론에 대해서는 '내부결정요인모델'과 '지역적 확산이론'은 결합되지 못하고 있었다. 이에 베리 & 베리 교수는 과거에 행해졌던 관행적인 정책학 연구를 비판하고, 하나의 통합된 방법론을 찾은 것이다. 이러한 문제의식은, 기존의 학자들끼리 대립되어 있던 내용들을 융합시키고, 정책학자들이 새롭게 가야할 길을 제시함으로써 통합된 이론모형을 도출토록 해 주었다.

또한 베리 & 베리 교수는 이러한 사회과학 연구들에 있어 엄격하고 실증적인 연구방법을 강조하였다. 실제로 사회현상은 매우 복잡한 요인들에 의해서 발생하며, 이를 회귀분석과 사건사분석 등의 방

법들을 통해서 정확하게 진단하는 것이 중요하다. 이에 따라 베리
& 베리 교수는 명확한 인과관계 파악하는 것을 가장 중요한 목표로
삼고, 검증방법들의 논리적인 설명을 통해 자신들의 이론을 증명하
였다.

이러한 점들은, 현재에도 베리 & 베리 교수의 "State lottery adoptions
as policy innovations: An event history analysis" 논문이 수많은
곳에서 인용될 수 있는 기틀을 마련해주었다.

윌리엄 베리는 1974년에
워싱턴대학교에서 수학을
전공으로 하여 학사를 받
고, 1980년에 미네소타대학
에서 정책학 박사를 취득
하게 된다. 이후 1984년까
지 켄터키대학교 정치학과
조교수를 지냈으며, 1984년부터 1990년까지 정치학과 부교수를 역임
하였다. 현재는 플로리다 주립대학 Democratic Performance 센터 소
장을 역임하고, 플로리다주립대학에서 행정대학원 교수로 정책혁신과 공
공정책에 대한 연구 및 강의를 하고 있다.

프랜시스 베리 교수는 워싱턴대학교에서 정치학 학사학위를 받았고,
미네소타대학교에서 행정학 석사와 정치학 박사학위를 취득한다. 이후
1990년에 교수직을 맡기 전에 미네소타 입법 분석가로 시작하여
CSGCouncil of State Governments에서 연구 및 이사로 15년간 실무자로
일하게 된다. 1990년에 플로리다 주립대학 교수로 합류하며, 지방 정
부에 관한 관리 및 정책 컨설팅 연구를 수행한다. 그녀는 정책혁신 및
정책확산과 관련된 수십 편의 논문을 "Management Review,

American Journal of Political Science" 등에 기고하였다. 이러한 학술적 기여를 인정받아, 미국 공공행정학회ASPA와 미국 공공행정정책학회 NASPAA에서 연구상을 수상하며, 공공행정 분야에 중요한 영향을 끼친 인물로서 선정되었다. 현재는 플로리다 주립대학 행정 및 정책 담당 부교수로서 공공정책 프로그램 평가, 전략 및 성과관리에 관한 연구를 진행 중이다.

정책분석모형
윌리엄 던William Dunn 이야기

윌리엄 던의 고민: 복잡해지는 사회 문제와 정책분석

윌리엄 던W. Dunn은 1964년 UC 산타바바라대학University of California at Santa Barbara을 졸업하여 정책학에 대해 연구한 학자이다. 던이 살았던 1960년대 미국은 여러 인종 문제와 여성들의 젠더 문제 등이 터져 나오면서 기존의 체제에 억압되어있던 불만들이 표출되었다. 이후 1970년대 베트남전의 패배와 오일 쇼크 등으로 인하여 물가상승이 지속되었으며, 이로 인한 사회 저소득층 구제정책이 증가하고 있었다. 이에 미국 정부는 작은 정부를 지향하면서 '레이거노믹스'를 실시하고 비대해진 복지 지출을 감소하는 등의 정책을 통해서 추진하였다.

당시 사회과학자들은 정책 문제들에 대해서 광범위한 해결방안을 찾는 연구를 진행하였지만, 정책 문제를 설명하기 위한 정책모형이나 정책실험은 이루어지지 않았고, 이에 윌리엄 던은 이러한 문제인식 속에서 정책분석에 대한 기준 및 모형을 설립하고자 했다.

점점 더 복잡해지는 사회는 사회 문제의 원인들을 복잡하게 만들었으며, 이에 대한 정책들에 대한 분석 또한 정교해질 필요가 있었던 것이다. 한편, 정책학은 폐쇄적인 분과 학문현상으로 인해 사회현상을 제대로 분석하지 못하는 경우가 발생하였으며, 던은 이러한 현상에 대해 우려를 표했다. 이에 그는 사회 문제들에 대한 통합적 정책분석과 미래예측을 강조하였다.

대안: 통합적 정책분석모형의 제시

던은 정책분석모형의 분기점을 마련했다. 그는 '미래'라는 시각을 정책분석에 도입하여 독창적 이론을 제시하는 한편, '소망성'과 '실현가능성'이라는 2가지 기준을 토대로 정책분석이 진행되어야 함을 밝혔다. 즉 효과성, 능률성, 대응성, 형평성, 적정성, 적합성으로 구성된 소망성과, 정치적 실현가능성, 경제적 실현가능성, 사회적 실현가능성, 법적 실현가능성, 행정적 실현가능성, 기술적 실현가능성으로 구성된 실현가능성이 종합적으로 측정되어야 한다고 주장했다.

통합적 정책분석은 정책 문제를 정확히 정의하는 것에서부터 시작하는데, 던은 이를 구조화하고 바르게 정의하게 되면 정책 문제의 대안을 적절하게 설정할 수 있다고 주장했다. 이를 위해서는 문제를 인식하고 심층적으로 분석하며 정의하여야 한다. 이러한 방법은 경계분석, 분류분석, 계층분석, 유추분석, 복수관점분석 등이 있으며, 이는 문제구조화에 도움을 준다.

정책분석에 '미래'라는 관점을 도입하여 시간의 축을 설정했다는 점도 매우 중요한 기여이다. 정책분석은 과거지향적 문제탐색뿐만 아니라 미래지향적 문제탐색이 필요하며, 이러한 시간의 축은 정책 문제를 중심부Core에서부터 문제구조화Framing를 하는 데 있어서 중요하게 작용한다. 던이 제시한 이러한 문제구조화 작업은 기대되는 정책결과와 선호되는 정책결과 사이의 간극을 측정하는 데 도움을 주며, 기대되는 정책, 선호되는 정책, 관찰된 정책은 종합적으로 정책분석에 영향을 미치게 된다.

이처럼, 던의 중요한 정책학적 기여는 정책분석의 통합모형을 제시했다는 점과 함께 정책분석에 있어서 미래예측을 도입했다는 점이라고 하겠다.

초점: 학문적 기여와 정책학의 현실 적합성 제고

던은 미국에서 수많은 사회 문제가 쏟아져 나오던 1970~80년대의 시대를 살면서, 정확한 문제 진단과 국가에서 시행되는 정책들의 분석 기준들을 정교하게 제시했다. 그는 정책분석과 정책결정과정에 대한 새로운 통합적 이론들을 제시했으며, 정책학을 단순한 이론적 측면에서만 머물지 않고 현실 적합성 높은 학문으로 전환하는 데 크게 기여하였다.

던의 연구는 사회 문제를 진단하고 정확한 개선점을 찾으면서도, 정치적, 사회적 요소들을 투입하여 필요한 정보를 창출하고 의사소통을 중요시했다는 점에서 의의를 찾을 수 있다. 효과성과 능률성도 중요하지만, 정치적으로 사회적으로의 실현가능성을 먼저 확인하고 정책을 실현해야 하며, 단순한 행정적 대안이 아닌 소통을 중요시하는 정책학을 제창한 것이다.

윌리엄 던은 정책 문제의 개선에 있어 미래를 예측하여 기대되는 결과의 가치와 효용을 측정하는 것이 필수적임을 강조하였다. 이는 미래지향적 정책분석의 중요성을 강조한 것이다. 이러한 점은, 정책학이 기존의 이론적 학문 풍토 혹은 추상적 모형에만 집착하는 것을 탈피하고, 현실 사회 문제를 구체적으로 바라보고, 대안을 찾고, 실현함에 있어 정책학의 현실 적합성을 제고하는 데 크게 기여하였다.

윌리엄 던은 1964년 UC대학교에서 정책학 학
사를 받은 뒤 클레어몬트대학원에서 박사학위를
받았다. 이후 공공정책분석, 철학 및 사회학, 연
구설계 및 방법, 정량 및 질적방법에 대한 강의
를 하고 있으며, 해당 분야의 연구업적이 탁월한
세계적인 정책학자이다.

　그는 1981년에 ≪정책학원론≫을 집필하였으
며, 이 책은 현재까지 30년이 넘도록 미국을 비롯한 전 세계에서 정책에
관련한 대학원과 대학 수업의 교재로 활용될 만큼 정책학 분야에 있어
많은 영향을 끼쳤다. 이외에도 국제경영, 조직이론, 정책분석 및 평가방
법론, 비판적 이론 및 공공행정, 연구설계 및 혼합이론 등에 대한 수많은
연구논문을 작성하였다.

　이러한 공로는 수많은 학술상과 정부에서 주는 공로상으로 이어졌으
며, 최근인 2017년 9월에도 장관상을 받는 업적을 남긴다. 또한 그는 UC
행정학과 　교수와 　뉴햄프셔에 　위치한 　정책연구기구Policy Study
Organization 회장을 역임하였으며, 현재는 피츠버그대학교에서 교수로서
공공정책분석과 정책과학방법론과 인식론 등을 강의하고 있다.

정책흐름모형

킹던 John Wells Kingdon 이야기

킹던의 고민: 왜 일부 문제만 정책의제가 되고, 다른 문제는 방치되는가?

꽃다운 청춘, 단원고등학교 학생들 300명을 포함하여 총 304명의 생명을 앗아간 세월호 참사 사건을 기억하는가? 그 사건이 있은 지 3년이 넘는 시간이 지났지만 그 때의 참혹했던 상황은 잊히지 않고 있다. 이 사고로 인해서 통합적인 국가적 재난관리를 위한 재난안전 총괄부서의 필요성이 대두되고, 정부는 해양경찰청 및 소방방재청 폐지, 국민안전처 신설이라는 극단적 처방을 내놓기에 이르렀다. 정책학적 관점에서 이 사례는 세월호 참사라는 초점 사건이 몰고 온 정책흐름의 결합으로 인한 정책패러다임이 변동된 것이다. 정책흐름의 결합, 즉 정책흐름모형을 창시한 학자가 킹던John W. Kingdon이다.

이처럼, 킹던은 바로 이러한 정책결정과정에 대해 고민하기 시작하였다. 정책은 과연 단계적 형태로 순차적인 과정을 거쳐 결정될까? 왜 어떤 문제는 사건발생 이후 즉각적인 대응이 이루어지지만, 다른 문제는 거론도 되지 않고 방치되는 것일까? 이러한 문제들이 킹던의 고민이었다.

사회에는 수많은 문제들이 발생한다. 그런데 눈여겨 볼 것은 그러한 문제들이 발생할 때마다 즉각적으로 정부가 움직이지는 않는다는 것이다. 정부가 사회 문제를 인지하고 이에 대한 다양한 해결책들을 제시하고 그에 따른 대안들을 평가한 후 최적의 대안을 선택하는 형태로 일련의 단선적인 과정에 의해서 이루어지지 않는 경우도 빈번하다. 즉 사회의 문제와 기존에 존재했던 다양한 대안들이 뒤섞이다가 어떠한 특정 상황에서 정책으로 만들어지기도 한다. 그렇다면 이러한 '비정형적'인 정책결정을 가장 적합하게 설명할 방법은 무엇일까?[6)]

킹던이 대학에서 공부를 하던 1960년대는 흑인 인권운동, 베트남 전쟁, 반전 운동 등 대부분 정치적인 사회 문제들이 발생했다. 이후 1970년대는 오일쇼크, 경기침체 등 경제 문제가 대두되기 시작하면서, 1980년대는 경기 침체가 심각한 문제로 등장하였다. 당시 대통령이던 레이건에 의해 레이거노믹스Reaganomics라는 신자유주의적인 경제정책이 도입되었지만, 결국 미국사회의 실업률은 올라가고, GNP가 하락되는 등 경기 후퇴를 가져왔다. 그는 이처럼 여러 사회문제들이 표면으로 드러나는 시대 속에 살아가면서, 모든 사회 문제들이 정책의제가 되지 않는다는 것을 인식하게 된다. 특히 "왜 흑인의 인종 문제는 정책의제가 되지 않을까?", "왜 어떤 문제는 사건발생 이후 즉각적인 대응이 이루어지지만, 다른 문제는 거론도 되지 않고 사라지는 것인가?"의 문제에 대해.

그는 또 이렇게 고민했다. "과연 정책과정은 과거 학자들이 설명해온 바와 같이, 문제가 제안되고, 그에 따른 정책의제가 형성되고, 그 결과 정책결정이 이루어지는, 즉 단선적인 형태를 지니는 것일까?", "정말 실제로 정책결정과정이 이렇듯 단계적, 순차적으로 이루어지는 것일까?"

킹던은 이처럼 수많은 사회 문제 중 왜 일부 문제만 정책 문제가 되는지, 또한 정책과정이 단계적, 순차적으로 이루어지지 않는다면, 어떤 방식으로 새로운 입체적 모형을 설정해야 하는지에 대해 고민하면서 학술적 의문을 품게 되었다.

대안: 입체적 정책흐름모형의 제시

킹던은 ≪문제, 대안, 그리고 정책Agendas, Alternatives, and Public Policies≫(1984)이라는 저서에서 이러한 고민을 해결할 수 있는 새로운 정책결정모형을 제안했다. 즉 킹던은 쓰레기통모형의 기본 아이디어를 빌려와 새로운 정책결정모형인 '정책흐름모형Policy Stream Model'을 제시한 것이다.

쓰레기통모형은 코헨Cohen, 마치March 그리고 올슨Olsen이 제창한 정책모형인데, 정책이라는 것이 정해진 순서에 의해서 이루어지는 게 아니라 쓰레기통 속의 쓰레기처럼 뒤죽박죽 움직이다가 어느 날 쓰레기통에서 필요한 서류를 다시 찾아내듯 우연한 상황에서 결정이 이루어진다는 것이 핵심 내용이다.7)

이에 비해, 킹던의 '정책흐름모형'은 정책 문제와 정책대안, 그리고 정치흐름이 자신들만의 독립적인 흐름을 가지고 있다가, 이것이 극적인 사건(초점 사건; Focusing Event)에 의해 갑자기 대중과 언론의 주목을 받게 되면서 빠르게 정책결정으로 이어지는 과정을 설명해 줌으로써, 기존의 비정형적인 정책결정과정을 보다 구체적으로 제시했다.

구체적으로, 킹던은 서로 무관하게 자신의 규칙에 따라 흘러 다니는 정책 문제의 흐름Policy Problem Stream, 정책대안의 흐름Policy Alternative Stream, 정치의 흐름Political Stream이 초점 사건을 계기로, 세 개의 흐름이 결합Coupling되는데, 이 현상을 정책의 창Policy Window이 열리는 것이라고 표현했다.

킹던은 특정한 사건, 즉 초점 사건의 중요성에 대해 강조하였는데, 특히 정권교체와 극적인 사건이 정책의 창을 열게 만드는 점화장치로 작용한다고 보았다. 정책의 창이 열렸다는 것은 각 흐름이 결합될 수 있는 '기회'를 뜻하며, 특정 정책대안을 선호하는 이들에게 주어진 절호의 기회라고 할 수 있다.

초점: 복잡한 사회 문제를 해결하기 위한 이론적 렌즈

킹던이 창시한 정책흐름모형Policy Stream Model은 점점 복잡해지는 사회 문제들과 이를 해결하기 위한 정책이 결정되는 과정을 단순한 일련의 과정으로 바라보지 않는다. 반대로 정책결정과정의 비합리성과 모호성을 인정함으로써 복잡하고 사악한 문제Wicked Problem에 대한 해결의 실마리를 제공해준다.

다원화된 사회에서는 문제의 원인이 무엇인지, 그 해결방식은 무엇인지, 심지어 문제의 본질이 무엇인지 정확히 정의할 수 없는 복합적 문제Complex Problem가 끊임없이 등장하고 있다. 이러한 문제들은 기존의 정형화되고 합리적인 문제 해결방식으로는 해결하기 어려운 것들이다. 문제 해결과정에 있어 비합리성과 모호성이 인정되어야만 문제 해결의 실마리가 확보될 수 있는 것이다.

정책흐름모형은 현대정책모형 중에서 가장 영향력 있는 모형으로 꼽힌다. 그 이유는, 모형이 현대사회에서 자주 발생하는 대형재난을 포함한 극적인 사건을 잘 설명해 주기 때문이다. 특히 최근에는 대형 재난 사건들이 담당자의 안이한 대응 혹은 인적 실수와 겹치면서, 정책 문제는 더욱 더 복합적으로 꼬이고 있다.

이 모형은, 우리 사회에 흐르고 있는 위기와 근본적 문제들은 어떤 것들이 있는가, 그리고 이들에 대한 정책적 대안으로 어떤 것들이 정책공동체에서 논의되고 있는지, 정치권은 이들에 대해 평소 어떤 노력을 하고 있는가를 면밀히 살펴보게 하고, 이들에 대한 창조적 대안을 모색할 수 있게 도와준다는 점에서 큰 학술적 의의를 지닌다.

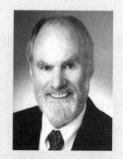

킹던은 1980년대 미국 정책학의 거장이다. 그는 공공정책연구에 대한 지속적인 기여로, 1994년 Aaron Wildavsky상을 수상하기도 하였으며, 현재는 미시간대학교의 명예교수로 재직하고 있다. 그는 미국 정부와 정치, 공공정책, 그리고 입법을 주 연구 분야로 활동하면서, ≪Agendas, Alternatives, and Public Policies≫, ≪America the Unusual≫ 등 영향력 있는 저서들을 다수 출판하였다.

킹던이 제안한 정책흐름모형은 정책의제설정 및 정책결정과정을 분석하는 이론모형으로서, 그 어떠한 정책모형보다 널리 활용되고 있는 모형이다. 재난관리, 안보 분야는 물론이고 일반 정책현상을 설명하는 광범위한 설명력을 지니고 있는 이론으로 평가받고 있다.

정책옹호연합모형

사바티어Paul A. Sabatier 이야기

사바티어의 고민: 불확실하고 복잡한 사회 문제를 설명할 이론

사바티어Paul A. Sabatier가 태어난 1970년대의 미국은 흑백갈등과 베트남전쟁의 심화, 반전 운동, 냉전과 우주 개발 경쟁 등 격변의 시기를 거치고 있었다. 급속한 사회변화에 따른 불확실성과 복잡한 사회 문제를 해결하기 위한 방안으로 정책학이 대두되었다. 정책학은 사회 문제를 해결하기 위해 정확한 분석과 근본적 해결방안을 제시하는 학문이다. 이러한 사회적 배경 속에서, 사바티어는 정책학의 매력을 느꼈고, 그 중 특히 정책집행에 대한 관심이 높았다.

정책학의 창시자 라스웰Lasswell, 1970은 전통적 정책과정이론을 통해 정책의 과정을 '정책의제설정 – 정책결정 – 정책집행 – 정책평가'의 4단계로 구분하였다. 이러한 라스웰의 정의에 사바티어는 의문이 생겼다. 정책과정이론은 정책과정의 단계적인 흐름을 파악하기에 유용한 모형이었지만, 다양한 요인들이 서로 상호작용하는 정책의 동태성과 복합성을 입체적으로 설명하기에는 부족함이 있다고 판단했다. 즉 단선적인 모형으로는 시간의 흐름에 따른 정책변동과정을 설명하는 데 한계가 있으며, 정책집행과정의 복잡하고 불확실한 정책현상을 설명하기 어려웠던 것이다.

다양한 행위자가 참여하고 있는 정책이 오랫동안 표류하고 있다가 집행되기도 하고 사라지기도 하는데, 사바티어는 어떤 요인들에 의해 정책변동이 동태적으로 발생하는지가 궁금했다. 바로 이런 것들이 사바티어의 고민이었다.

현실적으로 보통 중요한 정책사안에는 수백 명의 행위자가 개입되고 정책과
정도 10년 이상 진행되는 것들도 많다. 또한 한 정책 안에서 여러 개의 정책
프로그램이 함께 진행되기도 한다. 과연 전통적인 정책과정이론은 이러한 현
실적인 정책현상을 제대로 설명하고 있는가? 과연 정책현상은 '의제설정→정
책결정→정책집행→정책평가'처럼 단선적인 구조로 진행되는 것인가? 그리
고 정책과정에서 진행되는 다양한 관계자 그룹들 간의 동태적으로 진행되는
다양한 갈등양상이나 정책신념 등을 잘 반영하여 설명하고 있는가?[8]

대안: 입체적 정책모형의 구축, 정책옹호연합모형

사바티어Paul A. Sabatier는 정책옹호연합모형Advocacy Coalition Framework:
ACF을 통해 정책의 과정을 다양한 행위자들과 연합들 간의 게임과
협상의 과정으로 간주하였고, 신념을 공유하는 집단들이 변화함으로
써 정책의 변동이 발생한다고 설명하였다.

그는 저서 ≪정책과정이론Theories of the Policy Process≫을 통해 자
신이 주장한 총체적인 분석을 통한 입체적 정책모형인 정책옹호연
합모형을 제시하였다.

사바티어는 정책의 형성과정을 개인 또는 집단, 연합 간의 게임과
협상의 과정으로 보았다. 그는 정책옹호연합모형을 통해 다양한 이
익집단과 이해당사자들을 포함하는 정치적 행위자들 간에 목표의
불일치와 기술적 논쟁의 해결과정에서 정책이 결정되며, 정책의 과
정을 단선적 전개가 아닌 정책의 형성과 집행, 재형성에 대한 투쟁
이 반복되는 과정으로 가정하였다. 또한 정책연합모형은 정책의 행
위자를 신념을 공유하는 집단 간의 연합으로 보고, 분석단위의 측면

에서 개별적 행위자를 분석하는 것이 아닌, 정책의 하위체제와 그 체제 내의 옹호연합을 분석단위로 하였다.

이러한 사바티어의 옹호연합모형은 다음과 같은 세 가지 내용을 핵심으로 한다.

첫째, 특정한 정책 문제 또는 이슈에 적극적 관심을 가지는 사람들이 해당 영역에 영향력을 행사하고자 한다.

둘째, 정책의 확고한 신념을 설명하기 위해 10년 이상의 장기적인 정책 변동의 분석이 필요하다.

셋째, 정책은 가치에 대한 우선순위와 가치 실현을 위한 인과관계를 포함하고 있어야 한다.

정책옹호연합모형의 구조는 <그림 1>과 같다.

그림 1 정책옹호연합모형

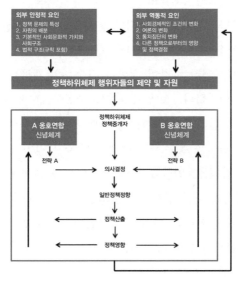

정책옹호연합모형Advocacy Coalition Framework: ACF은 외적 변수, 정책옹호연합, 신념체계, 정책 중개자, 정책학습, 정책산출, 정책변동 등으로 구성된다.

외적 변수는 특정 정책을 옹호하고자 하는 집단의 형성과 활동을 제약하거나, 기회를 제공하는 데 결정적인 영향을 미친다. 외적 변수는 안정적인 외적 변수와 역동적인 외적 변수로 구분되며, 안정적인 외적 변수는 정책 문제의 기본적 특성, 기본적인 사회문화적 가치와 사회구조, 법적 구조 등을 대표적인 예로 들 수 있다. 역동적인 외적변수는 사회경제적 조건의 변화, 여론의 변화, 통치집단의 변화 등을 대표적인 예로 들 수 있다.

정책옹호연합은 일정한 정책영역이나 하위체제의 신념을 공유하고 연합하는 이해당사자를 의미한다. 정책과정에서 경쟁과 협력을 통해 자신이 지향하는 목표를 달성하기 위해서 뜻이 맞는 사람들과 연합을 형성하여 협력하는 것이 필요한 것이다.

신념체계는 정책하위체제의 연합들 간에 공유되는 공통된 가치로 정책에 대한 인식, 정책수단에 대한 동의 등이 있다. 신념체계는 규범핵심, 정책핵심, 도구적 측면으로 구성된다.

정책 중개자는 연합들 간의 대립과 갈등을 중재하는 역할을 수행하는 제3자를 의미한다. 정책 중개자는 연합들 간의 갈등과 대립을 중재, 완화하고 합리적인 타협점을 찾아내는 역할을 수행한다.

정책학습은 경험을 통한 신념체계에 대한 생각이나 행태의 변화를 의미한다. 정책옹호연합들 간의 정책학습을 통해 정책이 산출되고, 이전의 정책과 다른 정책이 산출되었을 때 정책변동이 이루어졌다고 할 수 있다. 이러한 변화는 정책집행과정의 변화로 이어진다.

정책옹호연합모형은 이론모형에 한정되는 것이 아닌 현실의 사회적 갈등 혹은 쟁점 등을 효과적으로 이해하고 설명하는 데 있어서

분석의 기준이 된다는 점에서 전통적 정책결정모형과 큰 차이점을 가진다. 이처럼 복잡한 사회현상과 정책, 이해당사자 간의 관계를 입체적으로 설명하는 것이 사바티어가 정책옹호연합모형을 제시한 의도이자 목적이기도 하다.

초점: 근본적 사회갈등을 해결하기 위한 정책옹호연합모형

정책은 다양한 집단과 이해관계가 충돌하는 영역이다. 각 개인 혹은 집단은 서로 공유하는 신념을 통해 서로 연합하고, 서로의 이익을 위해 경쟁하고 대립한다. 그러나 사바티어 이전의 정책학 이론은 정책이 형성되는 과정에 대한 단선적인 과정만을 주장하고 있었다. 이에 정책의 형성에 있어 환경, 집단 등 다양한 요인을 고려한 다차원적이고 입체적인 정책옹호연합모형은 정책학에 있어서 큰 의미를 가진다.

사바티어Sabatier모형은 현대정책모형 중에서 가장 영향력 있는 모형 중의 하나로 꼽힌다. 현대사회에는 정책이해관계에 있어서 진영 논리가 자주 발생하기 때문이다. 현대사회는 다양한 계층 간, 이념 간 갈등으로 인해 정책을 보는 견해가 대립하는 경우가 많은데, 이때 대립되는 두 진영 간의 정책변동을 잘 설명할 수 있는 모형이 사바티어의 정책옹호연합모형이다.

대표적인 예시로 최근 시행되었던 신고리 5·6호기 공론화 위원회를 들 수 있다. 건설이 잠정 중단되었던 신고리 5·6호기 건설 재개 여부를 두고 시민들 간의 토론과 숙의, 공론의 장 형성을 통해 사회적 합의를 도출해 낸 사례로서, 이는 사바티어가 주장하였던 신념을 가진 각 집단 간의 대립을 통해 정책의 형성과 변동을 설명하고자 하였던 정책옹호연합모형Advocacy Coalition Framework: ACF을 설명하는 데 가장 적절한 사례라고 할 수 있다.

　이외에도 의약분업 사례에서의 의사와 약사 간의 대립, 한·양약 분쟁에서의 한의사와 양의사 간의 대립 등 현대사회의 집단 간 대립을 설명하는 데 있어 유효한 모형이라 할 수 있다. 이처럼 불확실하고 복잡한 사회 문제를 해결하기 위해서는 입체적인 이론(개념 틀)이 필요한데, 그것이 정책옹호연합모형이다.

쉬어가기　사바티어의 생애사

　사바티어Paul A. Sabatier는 시카고 매사추세츠대학에서 정치학을 전공하였으며, UC에서 교수로 재직 중이다. 그는 주로 공공정책의 변화에 영향을 미치는 요인분석, 그 중에서도 정책의 집행과 정책의 신념체계를 중심으로 분석하였다.

　사바티어는 1944년 뉴욕에서 태어나 미들랜드고등학교를 다녔으며, 매사추세츠대학에서 정치학을 전공하였다. 시카고대학 정치학 박사학위과정을 수료하였으며, 박사학위 논문은 "사회 운동과 규제 기관: NAPCA−EPA 시민 참여 프로그램"이라는 주제로 작성하였다.

　사바티어는 현재 UC데이비스University of California, Davis대학에서 공공정책, 정책결정, 환경정책, 환경정책의 윤리 문제 등을 중심으로 학생들을 지도하고 있으며, 유럽의 공공정책, 정치, 환경정책과 기획과 관련된 학회지 등에서 편집위원장직을 수행하고 있다.

　사바티어는 오랜 기간 공공정책의 변화와 영향을 미치는 요인에 대해 분석하였다. 그 과정에서 정책집행, 정책 엘리트 신념체계의 역할, 과학적 정보에 대한 역할에 대해 중요하게 분석하였다. 사바티어는 정책변동이 외부 환경적 요인과 정책지향학습의 영향, 정책체제나 옹호연합의 변화 등의 요인에 의해 변화한다는 것을 핵심 내용으로 하는 정책옹호연합모형을 제시하였다. 이 이론모형은 정책학에 있어 광범위하게 사용되고 있으며, 많은 학자들에 의해 다양한 분야에서 적용하여 설명되고 있다.

사회적 구성모형

잉그램Helen Ingram & 슈나이더Anne Schneider 이야기

잉그램 & 슈나이더의 고민: 사회 문제 해결을 위한 새로운 정책적 접근의 필요성

1980~90년대 미국은 다양한 사회 문제 해결을 위해 획일적 정책이 아닌 사회적 맥락에 관심을 가지던 시기였다. 이에 헬렌 잉그램Helen Ingram과 앤 슈나이더Anne Schneider는 정책대상집단의 사회적 맥락에 초점을 맞추고, 정책대상집단의 사회적 맥락(정치권력 및 정책이미지)이 정책연구에 결정적으로 중요한 요소라고 생각하였다.

현대 정책과정은 다양한 이해관계자들이 참여하면서, 정책과정에서 예측하지 못한 문제나 갈등이 종종 발생하곤 한다. 하지만 합리적 선택이론, 비용편익분석과 같은 효과성, 능률성을 강조하는 과학적 합리주의와 기술적 합리성만으로는 이러한 문제를 해결해줄 수 없다. 과학적 합리주의와 기술적 합리성은 특정한 정책이 왜 형성되며, 그 결과가 왜 그렇게 나타났는가와 같은 정책 문제의 복잡성을 설명해 주는 데 한계가 있기 때문이다. 또한, 지나친 합리성과 객관성을 강조하는 기능주의적 접근법은 인본주의를 무시하고 현실성이 떨어진다는 문제점을 발생시킨다.

정책이 언제나 합리성에 따라 객관적이고 공정한 집행으로 연결되는 것은 아니며, 편익제공에 있어서도 개인 또는 집단 간의 형평성이 항상 잘 지켜지는 것은 아니다. 어떤 집단에는 정책적으로 혜택이 더 부여되고, 어떤 집단에는 항상 혜택보다는 부담이 더 많이 부담됨으로써 집단 간 혜택의 불균형으로 인한 갈등의 소지는 언제나 발생하게 된다.

이에 잉그램Helen Ingram과 슈나이더Anne Schneider는 이러한 불공정한 정책을 설명하기 위해, 그리고 정책의 결정, 집행, 평가과정에 영향을 미치는 다양한 변수들을 밝혀내기 위하여 정책설계에 주목하기 시작했다. 그들은 복잡해지는 사회 환경을 고려하여 정책의 대상이 되는 집단을 각각의 특성에 맞게 세분화하고 정의하기 위해 고민한 결과 정책대상집단의 사회적 맥락(정치권력 및 정책이미지)에서 그 해답을 찾았다.

대안: 사회적 구성모형의 제시

잉그램과 슈나이더는 사회적 맥락을 "사람들이 살고 있는 방식에 대한 의미와 해석을 부여하는 사람들의 신념, 인식, 그리고 이미지와 틀"이라고 정의하였다(김덕형 · 박형준, 2013; 김동현 외, 2011). 이처럼, 사회현상의 맥락과 정책의 상호작용을 통해 정책이 결정되기 때문에 정책의 목적, 정책대상집단에 대한 이해, 그리고 정책이 형성되는 과정을 이해하기 위해서는 사회적 맥락에 대한 이해가 필수적이라고 할 수 있다.

잉그램과 슈나이더는 이러한 내용을 바탕으로 2007년 피터 딜레온Peter Deleon과 함께 사회적 구성모형Social Construction Model을 제시했다. 사회적 구성모형이란, 기존의 합리성을 기반으로 하는 천편일률적 기능주의를 비판하고 정책을 설계하는 데 있어서 사회적인 맥락의 중요성을 강조하는 이론이다. 그들은 사회적 형성모형에서 정책대상이 되는 집단을 사회적 이미지와 정치권력을 기준으로 4개의 집단(수혜집단, 주장집단, 의존집단, 이탈집단)을 구성했고, 정책변화로 인한 비용 부담의 방향과 정책결정이 이루어지는 과정에 대해서 설명하였다(Ingram et al., 2007).

사회적 구성모형은 경험적, 계량적 단순화를 추구하는 기존의 연구방법을 지양하고 해석, 인식, 구성주의 등의 개념을 중시하는 사회적 구성주의를 정책학에 접목시킨 새로운 정책설계이론이다(Ingram et al., 2007). 이에 잉그램과 슈나이더는 사회적 구성모형을 통해 정책결정에 있어서의 다양한 사회적 맥락의 고려와 함께 사회과학 연구에 있어서의 규칙과 규범, 아이디어의 역할 등의 중요성을 부각시킴으로써, 사회과학 연구의 새로운 장을 열었다는 평가를 받고 있다.

초점: 정책대상집단의 수용성 확보

사회적 구성모형은 정책대상집단을 하나의 고정된 실체로 보지 않고, 정책대상집단의 권력적 속성과 정책 이미지에 따라 변화될 수 있음을 보여주었다. 또한, 정부가 현실 정책을 시행함에 있어 정책대상집단을 어떻게 인식할 것인지, 그리고 미래의 정책대상집단에 대해 어떤 접근을 취할 것인지를 예측 가능하게 해준다.

정책이란 사회 문제를 해결함에 있어 정책대상집단의 형태를 변화시켜 해결하려고 한다. 따라서 정책의 성공과 실패는 정책의 수용성을 어떻게 확보할 것인가 하는 문제와 직결되어 있다. 즉, 정책대상집단들이 특정 정책에 대해 어떻게 반응하느냐에 따라 정책의 성공과 실패가 달려있다고 해도 과언이 아니다.

잉그램과 슈나이더는 정책대상집단의 특성과 행태에 대한 이해를 도와줌으로써 정책학 이론모형의 발전에 크게 기여하였다. 이는 경험적, 계량적 단순화를 추구하는 기존의 연구방법을 지양하고, 해석과 인식, 구성주의 등의 개념을 중시하는 사회적 구성주의를 정책학에 접목시킨 것으로, 정책설계 및 정책이론모형을 한 단계 더 발전시킨 학술적 업적으로 평가되고 있다.

잉그램과 슈나이더의 모형은, 기존의 정량적 접근법에 더해 정책문제 및 정책과정을 구성적으로 바라보는 상호보완적 연구를 가능하게 했으며, 궁극적으로 라스웰이 강조한 인간의 존엄성 실현을 위한 정책학에 한 걸음 더 가까워지는 길을 열어 주었다.

헬렌 잉그램Helen Ingram은 환경학자이자 정책학자로 환경자원관리, 공공정책, 정책이 민주주의와 공공참여, 사회운동에 미치는 영향 등 환경과 정책 전반에 걸친 폭 넓은 주제를 연구하고 있다. 그녀는 콜롬비아대학교에서 행정법으로 박사학위를 받았으며, 현재 UC어바인 캠퍼스University of California at Irvine의 도시계획·공공정책학과 명예교수로 재직 중이다. 그녀의 대표적인 저서로는 ≪민주주의를 위한 정책학≫(1993)이 있다.

앤 슈나이더Anne L. Schneider는 인디애나대학에서 정책학 박사를 취득하고, 애리조나 주립대학교에서 공공정책대학원장을 역임했다. 현재 애리조나 주립대학university of California at Irvine에서 국제정치학 명예교수로 재직 중이다. 그녀의 오랜 연구주제는 민주주의에서의 정책의 역할에 대한 연구와 교육에 관한 것이었다. 정책경험과 정치적 요구 간의 관계 등 정책학 전반에 대해 많은 연구를 수행했으며, 최근에는 사람들이 가지고 있는 '정책 경험'의 종류에 대한 연구와 이러한 정책에 대한 직접적인 경험이 그들의 정치적 목소리에 어떻게 영향을 미치는지에 대해 연구를 하고 있다.

헬렌 잉그램Helen Ingram과 앤 슈나이더Anne L. Schneider의 공동연구로는 ≪민주주의를 위한 정책설계≫(1997), ≪사회적 구성모형과 정책학≫(2005) 등이 있다. 특히, 후자의 저술이 사회적 구성모형을 제시한 탁월한 업적으로 평가받고 있다.

라스웰 정책학의 진정한 계승자

피터 딜레온Peter Deleon 이야기

피터 딜레온의 고민: 라스웰의 인간의 존엄성 가치를 충실히 따르는 정책학 연구를 어떻게 진행할 것인가?

딜레온Peter Deleon이 살았던 당시 미국의 상황은 제2차 세계대전 이후 소련과의 냉전, 한국전쟁, 민권운동, 우주탐험, 베트남전 개입 및 철수 등의 세계의 정치적 사건을 겪었다. 또한 1973년 아랍석유수출국기구OAPEC와 석유수출국기구OPEC가 원유의 가격을 인상하고 생산을 제한하는 오일쇼크로 인해 스태그플레이션이라는 세계경기 불황을 목격하기도 했다. 이처럼 미국은 정치적, 경제적, 사회적으로 많은 문제를 겪는 배경 하에서 딜레온은 어떻게 하면 인간의 존엄성을 증진시키는 사회를 만들 수 있을 것인가에 대한 고민을 하게 되었다.

딜레온의 멘토는 라스웰H. Lasswell이었다. 실제로 라스웰 밑에서 학문을 공부하지는 않았지만, 인간의 존엄성과 민주주의 정책학이라는 라스웰의 정책학 이념에 매료되었다. 딜레온은 라스웰의 이념을 따라 공부를 하면서 새로운 고민에 빠졌다. 그것은, 1951년 정책학이 제창된 이래 정책학이라는 학문은 외형적으로 많은 성장이 있었지만, 과연 내면적으로도 라스웰이 주창했던 공적 가치에 부응하는 진정한 발전이 있었는지에 대한 고민이었다. 하버드 케네디 정책대학원 등 미국의 많은 대학교에서 정책학 스쿨이 만들어지고 많은 학자들이 정책학을 연구하여 새로운 이론들을 만드는 등 외형적인 성

장은 하고 있었으나, 과연 그것이 정책학 창시자들이 내세웠던 공공
가치, 즉 '인간의 존엄성 향상과 민주주의의 실현'이라는 가치에 얼마
나 부합하는 정책연구였는가'라는 근본적인 고민을 하게 된 것이다.
이에 딜레온의 학술적 고민은 다음과 같은 것이었다.

> "라스웰의 정책학에 대한 가치와 애정, 즉 인간의 존엄성과 민주주의 정책학
> 의 전통을 따르면서, 이를 충실히 반영하는 정책연구를 어떻게 진행시키고
> 확산시킬 것인가?"

대안: 민주주의 정책학의 재건Rebuild

딜레온은 1989년 ≪Advise and Consent: The Development of
the Policy Sciences≫를 저술했다. 이 책에서는 '법률, 정치학, 경
제학, 사회학 및 심리학 분야의 학문이 정책학과 어떻게 융합할 수
있는가'하는 문제를 분석하면서 정책학의 연합학문지향성을 실증적
으로 보여주었다.

또한 2006년에 작성한 논문 "The Policy Science: Past, Present,
and Future"에서 딜레온은 정책분석의 유용성 높이는 방법을 제시
하였다. 정책학의 분기점을 마련한 미국 정책환경의 다섯 가지 초점
사건으로서, 1) 2차 세계대전, 2) 린든 존슨 대통령의 '빈곤과의 전
쟁', 3) 미국의 베트남전 개입, 4) '워터게이트 사건' 및 닉슨 대통령
탄핵, 5) 1970년 에너지위기를 분석했다. 그리고 거기에 따른 정치
적 상황들로부터 얻게 되는 교훈Lessons Learned을 통해 정책학이 내
실 있게 성장해야 된다고 주장했다.

딜레온은 정책학의 유용성을 증대시키기 위해 세 가지 방안을 제
시했다. 최근 정책학의 접근방법Approach 실태를 파악해야 하고, 정

책학이 지향해야 할 목표Goal를 탐색해야 하며, 정책학의 목표를 달성하기 위한 수단Instrument들을 모색해야 한다는 것이다. 또한, 이 세 가지 원리의 일관된 목표는 '민주주의 정책학'을 재건하고 발전시켜야 한다는 것이다.

정책과정에 대한 시민참여를 활성화시키는 것이 대안이다. 과다한 시민참여는 비효율성을 증대시킨다는 단점이 존재하지만, 그럼에도 그는 시민의 정책참여를 통해 폐쇄적인 기술관료제적Technocratic Bureaucracy 오류와 정책실패를 극복해야 한다고 주장했다.

또한, 딜레온은 실제 정치적 상황을 통해 얻어지는 교훈Lessons Learned을 통해 문제점을 부각시키고, 이를 해결하는 창조적 정책대안을 강조했다. 이러한 딜레온의 문제 해결방법은, 맥락지향성과 함께 법학, 정치학, 경제학의 지혜를 융합하는 연합학문지향성Interdisciplinary Approach을 의미하는 것이다.

더 나아가, 많은 정책행위자들과 이해관계자들의 정책과정에 참여를 통한 휴먼 네트워크 작용에 많은 관심을 가졌으며, 휴머니즘을 지향하는 한편 참여적 정책분석Participatory Policy Analysis의 중요성을 강조하였다.

초점: 인간의 존엄성을 강조하는 라스웰 패러다임의 재조명

덴버대학교의 폴 테스케Paul Teske 교수가 "딜레온 교수의 영향을 미치지 않은 정책 분야를 찾는 것은 어렵다."고 말할 정도로 딜레온은 다양한 분야를 섭렵한 정책학의 거장이다. 물론 정책학 분야의 전문가들은 많고 다양하지만, 딜레온이 오랫동안 주목을 받고 명성을 이어올 수 있던 이유는 그가 라스웰 정신의 진정한 계승자로서 라스웰이 제창한 '인간의 존엄성'이라는 가치에 천착했기 때문이다.

딜레온은 정책학이 폐쇄적인 기술관료제적 오류에 매몰되는 정책 실패를 피하기 위해 정책학이 인간의 존엄성을 고양시킬 방법으로서 다음 세 가지 관점을 제시했다.

첫째, 행태주의에 매몰된 정책학 패러다임을 다시 바로 잡아야 한다.
둘째, 정책과정의 민주적인 절차를 보다 더 개발해야 한다.
셋째, 인간의 존엄성 및 민주주의 정책학을 완성시킬 수 있는 정책 문제 정의와 정책설계에 대해 보다 더 집중해야 한다는 것이다.

아울러 이러한 세 가지 원리와 함께 함께 고려되어야 할 실천적 과제들도 제시했다.

첫째, 정책 문제의 공공가치성을 확인해야 하며, 달성 가능한 정책목표를 설정해야 한다.
둘째, 정책연구의 인식지평을 확대하기 위해 보다 넓은 경계Broad Outlines 를 수용해야 한다.
셋째, 정책연구의 맥락지향성과 연합학문지향성을 제고해야 한다.

딜레온은 정책학 창시자들이 주창한 민주주의 정책학이라는 공적 가치에 대해 정책학이 좀 더 집중해야 한다고 강조했고, 무엇보다 인간의 존엄성 추구라는 정책학의 철학적 본질을 지켜나가는 것이 중요하다는 점을 주장했다.
정책학의 대가, 피터 딜레온Peter Deleon의 고민과 대안은, 정책학이 기술관료제적 오류나 부분극대화의 실패에서 벗어나 정책학 본연의 패러다임을 다시 되찾아야 한다는 외침으로 들린다. 또한 정책학 연구가 수단적 가치나 계량분석에만 매몰되지 말고 보다 근본적인 인간의 존엄성이나 민주주의의 완성을 위해 노력해야 한다는 고언苦言으로 들리며, 정책학도들이 깊이 새겨야 할 교훈敎訓이라고 생각된다.

쉬어가기 딜레온의 생애사

피터 딜레온Peter Deleon은 현재 덴버대학교 University of Denver의 명예교수이다. 그는 라스웰 정책학 패러다임을 계승한 정책이론가이며, 국가 안보와 에너지에 대한 실질적인 전문성을 갖춘 정책연구가이다.

피터 딜레온은 일곱차례나 뛰어난 연구실적을 낸 학자로 학술상을 수상했다. 그 중에서도 특히 주목할 만한 것은, 2000년 8월 미국 정책연구기구Policy Studies Organization 가 수여하는 가장 권위 있는 학술상, Harold D. Lasswell상을 수상했다는 점이다. 수상 이유는 그가 진정한 라스웰 정신을 계승한 학자이며, 이에 근거하여 정책학의 실체와 과정에 대한 탁월한 연구를 한 학자로 인정되었기 때문이다. 덴버대학교의 폴 테스케Paul Teske 교수는 "딜레온이 영향을 미치지 않은 정책학의 하위 분야는 찾기 어렵다."고 말할 정도로, 딜레온은 정책학 분야의 거장으로 손꼽힌다.

그 외에도 딜레온은, 2001~2002년도에 그는 탁월한 봉사상을 받았으며, 2002~2003년도에는 뛰어난 교수상을 받았다. 2011년도에 덴버대학교는 교수진에게 최고의 명예인 탁월한 교수Distinguished Professor 로서 그를 지명하였다.

무엇보다도, 딜레온은 누구보다 학생을 사랑하는 스승이었다. 콜롬비아대학교Columbia University, UC로스앤젤레스캠퍼스University of California at Los Angeles, UCLA 및 덴버대학교University of Denver에서 많은 학생들을 가르쳤다. 그는 학생들을 가르치면서 '어떻게 하면 학생들이 정책학

문제의 복잡성을 이해할 수 있을까?'라는 고민을 하면서 가르쳤다고 한다. 그는 한 인터뷰에서 "학생들이 전에 생각해보지 못한 새로운 개념을 소개해주기 때문에 학생들과 함께 일하는 것이 특히 즐겁다."라고 이야기할 정도로 학생들과 많은 소통을 나누었다. 그는 이미 정책학의 본질과 함께 정책 문제의 복잡성과 문제점을 인식하고 있었고, 이러한 정책 문제의 복잡성을 자신의 제자들도 이해하고 연구하기를 바랐던 것이다. 이는 강의와 연구에서 인간의 존엄성을 강조하는 것 못지않게, 실제 생활에서도 따뜻한 마음을 실천하는 딜레온 교수의 모습을 잘 보여주는 것이라고 하겠다.

뉴거버넌스의 거장

가이 피터스Guy Peters 이야기

가이 피터스의 고민: 정부의 역할은 무엇인가?

가이 피터스Guy Peters는 거버넌스 이론의 대표적인 학자로서, 전세계에서 참여형 행정개혁의 전도사로 알려져 있다. 가이 피터스는 현재까지 정책과 관련된 강연을 다니는 등 활발히 활동하며, 글로벌 거버넌스의 권위자로서 자리매김하고 있다. 그는 1970년대부터 공공부문의 개혁을 추진해온 세계 각국의 행정 실패 사례를 지켜보며, 이에 대한 대안으로 '뉴거버넌스'를 제시하였다.

가이 피터스는 핀란드를 거쳐 스웨덴에서 연구를 하던 시기에, 노르웨이를 포함한 발트 3개국의 '복지국가의 위기'를 직접적으로 체감하였다. 또한 영·미 국가를 중심으로 도입된 '신공공관리'가 의도한 바와 달리, 강력한 정부를 탄생시키고, 시민이 하나의 수혜 받는 객체로 전락하게 되는 등 민주적 가치와의 충돌을 목격하기도 하였다.

결국 정부의 재정위기와 전통적인 정부관리의 한계점, 그리고 신공공관리론의 등장은 피터스로 하여금 새로운 정부에 대한 고민을 가지게 만들었다. 그는 이처럼 정부의 주도로 이루어진 과도한 복지제도의 폐해, 전통적인 정부관리의 문제점, 그리고 지나친 시장주의의 실패를 관망하며 전통적 정부관리방식의 전환에 대한 필요성을 깨닫게 되었다.

대안: 뉴거버넌스의 도입

가이 피터스Guy Peters는 기존의 전통적 정부관리방식의 문제점을 깨닫고, 이에 대한 대안으로 뉴거버넌스와 새로운 정부 모형을 제시하였다. 그는 '거버넌스란 전략적인 방향잡기Steering다.'라고 정의하며, 국가의 운영을 하나의 방향과 목표를 향해 다양한 행위자들을 조율하고 인도하는 것으로 바라보았다.

피터스는 그의 저서 ≪미래의 국정관리: 네 가지 모형The Future of Governing: Four Emerging Models≫에서 거버넌스모형을 시장적 정부모형 Market Model, 참여적 정부모형Participatory Model, 신축적 정부모형Flexibility Model, 탈규제적 정부모형Deregulation Model과 같은 네 가지 유형으로 구분하였다.

첫 번째 모형은 '시장적 정부모형'이다. 이는 시장의 효율성에 대한 믿음과 관료의 독점이 가져오는 비효율성을 제거하기 위해 경쟁 도입을 추구하는 것을 기본 이념으로 하는 모형이다. 공공부문에서도 민간영역에서의 경영기법을 적용하는 등 경제학 혹은 경영학적 모형이다. 이에 대한 예시로는 행정조직의 분권화 및 권한위임, 책임운영기관의 도입, 성과급과 성과관리 등 인센티브 강조 등이 있다.

두 번째 모형은 '참여적 정부모형'이다. 이는 참여를 통해 정부 혁신과 권한 위임, 일선관료제를 중시하는 모형으로, 시장적 정부모형과 반대되는 정치학적 모형으로 볼 수 있다. 참여적 정부모형은 조직 내 상위계층보다는 하위계층과 고객들에게 더 많은 관심을 가지며, 하위직 공무원들의 정책결정 접근성을 높이기 위한 수평적 의사결정구조를 취한다. 이를 통해 분권적 의사결정이 이루어지며, 일선관료의 재량과 참여로 정책이 형성된다.

세 번째 모형은 전통적 행정모형의 영속성이 혁신을 저해하는 것을 극복하기 위해 창안된 '신축적 정부모형'이다. 신축적 정부모형에서는 공공부문에서의 경쟁의식을 강조하며, 조직의 형태는 발생하는 문제에 즉각적으로 대응하고 문제가 해결된 후에는 해산되는 방식을 말한다. 그 예시로는 위원회, 임시조직Task force, 가상조직 등이 있다.

네 번째 모형은 '탈규제적 정부모형'이다. 이는 관료들에게 자율성을 부여하고 관리의 혁신을 도모하는 모형으로, 구조적 문제보다 관리의 문제를 더 중요하게 바라본다. 탈규제적 정부모형은 정부 내부의 규제를 제거함으로써 공공부문의 잠재력과 독창성을 이끌어내는 것에 초점을 둔다. 관리에 있어 자율권과 재량권을 부여함으로써, 불필요한 형식주의Red Tape을 제거하고 관료들의 자발적인 조정을 통해 정책이 형성될 수 있는 장점을 가지고 있다.

그림 2 거버넌스의 유형

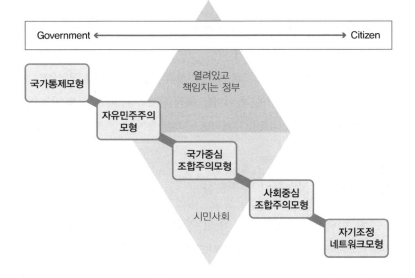

한편 피터스는 그 이후의 저술이자 피에르J. Pierre 박사와 함께 저술한 ≪복잡한 현대사회의 국정관리Governing Complex Societies≫(2005)에서 초기 모형을 좀 더 구체화하여 다섯 가지 국정관리모형을 제시하고 있다.9)

첫째, 국가통제모형은 정부가 모든 거버넌스 측면에서 가장 중요한 행위자이고, 사회적 행위자에 대한 강력한 지배권을 가지게 되는 모형이다.

둘째, 자유민주주의 모형은 다양한 형태의 사회행위자들이 국가에 영향을 미치기 위해 경쟁하지만 이들 중 최종 선택할 수 있는 정책적 권리는 국가에게 있는 모형이다.

셋째, 국가중심 조합주의 모형은 국가가 정치과정의 중심에 있지만, 사회적 행위자들과 관련되어 제도화되고 국가－사회 상호작용이 많이 강조되는 모형이다.

넷째, 사회중심 조합주의 모형은 국정운영에 있어 다수의 사회적 행위자들에 크게 의존하게 되는 형태다. 여기서 사회는 더 강력한 행위자가 되는데, 사회적 네트워크는 국가의 권력을 면할 수 있는 자기조직화 능력이 주어진다고 본다.

다섯째, 자기조정 네트워크 모형은 순수 사회 중심형 거버넌스 모형으로, 개별 행위자들이 자신의 이익을 위한 자기조정 거버넌스를 창조하는 형태다. 이는 네트워크 거버넌스 혹은 뉴거버넌스라고도 부른다.

초점: 참여적 정부혁신의 중요성

가이 피터스는 국정운영에 있어 강력한 통제를 강조했던 전통적 정부관리방식에서, 전략적인 방향잡기방식으로의 전환을 위해 뉴거버넌스 이론을 제시하였다. 그는 1970년대 말부터 현재까지 세계

각국의 정부가 공공부문의 개혁을 주요 활동으로 추진해온 과정 속에서, '문제를 해결할 수 있는 조정기능Steering을 갖춘 메커니즘'을 강조하며 뉴거버넌스의 도입을 주창하였고, 국정관리모형의 새로운 준거틀을 제시한 것이다.

가이 피터스는 정부와 시민 간의 상호작용과 참여를 중요하게 강조하였으며, 그 중에서도 참여를 위한 제도적 장치와 함께 시민참여에 대한 숙의Deliberation가 중요하다고 보았다.

그가 주장한 참여적 행정을 위해서는 이를 뒷받침 해줄 수 있는 제도가 필요하며, 대표적으로는 스칸디나비아와 북미 국가에서 광범위하게 활용되고 있는 조합적 다원주의Corporate Pluralism, 공청회Open Hearing, 통치의 네트워크 모형Network Models of Governing, 고객에 의한 관리Client Management 등을 통한 시민참여와 숙의 민주주의Deliberative Democracy의 도입과정을 정책학적으로 해석하려는 노력이 필요하다고 주장하였다.

이러한 관점에서 우리는 가이 피터스가 제시한 대안을 활용하여 새로운 정부의 역할과 올바른 지향점을 찾는 노력이 필요하다고 볼 수 있다. 우리가 살고 있는 현대사회는 초 연결성, 초 지능성 사회로 변화하고 있으며, 그 변동의 폭을 예측하기 어려운 실정이다. 또한 우리 사회는 복잡다단해지면서 이익집단의 이익추구가 서로 충돌하는 시대로 변화하고 있다. 이처럼 미래에 대한 예측이 어려운 상황 하에서, 또한 '사악한 문제Wicked Problem', '복합적 문제Complex Problem'가 자주 발생하는 현대정책 문제를 풀어나가기 위해서는 참여, 숙의, 합의를 통해 집단지성을 발견해 나가는 과정이 무엇보다 중요하다. 이러한 점에서도 가이 피터스(그리고 욘 피에르)가 제시한 참여적 정부혁신과 네트워크에 기초한 수평적 관계성을 지향하는 뉴거버넌스적 문제 해결방식은 매우 의미가 크다고 하겠다.

가이 피터스는 비교정책을 연구하는 정책학
및 행정학자이다. 그는 현재 미국 피츠버그대 정
치학과 석좌교수이며, 독일 제플린대 거버넌스
학 석좌교수이기도 하다. 주요 저서로는 ≪관료
정치론≫, ≪행정혁명기의 관료 및 정치인≫,
≪거버닝의 미래≫, ≪비교정치론≫, ≪EU의
정책조정≫, ≪정치학의 제도론≫ 등이 있다.

그는 1966년에 리치몬드대학교에서 학사학위를 받은 후, 미시간 주립
대학교에서 석사학위(1967)와 박사학위(1970)를 수여받았다. 이후 핀란드
에서 1년, 스웨덴에서 1년간 연구경험을 쌓으며, 노르웨이를 포함한 핀
란드, 스웨덴을 일컫는 발트해 3국의 '복지국가의 위기'를 실제로 체감하
게 된다. 이러한 상황에서 1990년대 후반 정부가 강력한 통제를 하는 방
식을 방향설정자의 역할로 변화해야 하며, 사회 문제에 다양한 행위자가
포함되어야 한다는 뉴거버넌스 패러다임에 대한 연구를 집중적으로 이루
어갔다.

가이 피터스는 1990년대 후반 뉴거버넌스가 성공하기 위한 조건들과
변화가능성들을 연구하였다. 그는 ≪미래의 국정관리: 네 가지 모형The
Future of Governing: Four Emerging Models≫을 통해 미래의 정부에 대해
4가지 모형을 제시했다.

또한 가이 피터스는 욘 피에르J. Pierre박사와 함께, 2005년에는 ≪복
잡한 현대사회의 국정관리Governing Complex Societies≫를 저술하고, 여
기에서는 초기 모형을 좀 더 구체화하여 다섯 가지 국정관리 모형을 제
시하였다.

가이 피터스는 신공공관리를 넘어 뉴거버넌스 이론을 정립함과 동시
에 참여형 정부혁신에 획기적 공헌을 한 학자로 평가받고 있다.

III

정책학과 미래예측:

미래예측과의 만남

POLICY

정책학 콘서트

PART III

정책학과 미래예측:

미래예측과의 만남

미래학의 창시자

짐 데이토 Jim Dator 이야기

짐 데이토의 고민: 미래학이란 어떤 학문이며,
왜 미래학에 관심을 가져야 하는 것인가?

미래학의 대부代父로 불리는 짐 데이토Jim Dator는 1967년, 앨빈 토플러와 미래협회를 만들고 미래학이라는 학문 분야를 처음으로 개척한 선구자이다. 그는 "정보화 사회 이후 '드림 소사이어티Dream Society; 꿈의 사회'라는 해일海溢이 밀려온다."고 단언하며 미래학을 이끄는 새로운 힘Trend을 제시하고 있다.

짐 데이토에 의하면 미래학의 태동은 인류의 역사와 관련되어 있다.

오랫동안 수렵과 채집에 의존한 인류는 약 1만 년 전 정착생활을 시작하면서 사유재산의 개념을 도입하게 되고, 이후 산업사회를 거쳐 지금의 정보화 사회로 변모하게 되었다. 이러한 사회변동의 과정

중에 발발한 수많은 전쟁과 특히 2차 세계대전이 끝난 직후 서구인들은 핵전쟁을 통해서 문명 자체가 붕괴될지 모른다는 위기감을 느끼게 되었다. 이에 짐 데이토는 서구 문명이 이성적이고 합리적이었다면 세계대전과 유태인 학살 등이 일어날 수도 없었을 것이라며, 이와 같은 비판의식이 미래학의 토양이 되었고 지난 1960년대 말 세계미래학회WFSF의 출발점이 되었다고 말한다.

짐 데이토는 미래학을 창설하면서 우리가 미래학에 관심 가져야 하는 이유로 위험한 삼위일체Unholy Trinity를 제시한다. 이는 값싸고 풍부한 에너지 시대의 종언과 환경오염과 생태계 파괴, 세계인구의 고령화와 지역별 인구증감의 불균형을 말한다. 여기에 분배의 정의를 바탕으로 한 지속가능한 경제가 없는 미래, 통치 능력을 상실한 정부가 더해진다.

더불어 인류가 맞닥뜨린 위험한 삼위일체와 같은 위험요소 외에도, 수십 년 내 과학기술의 발전 속도가 인류의 제어가 힘들 정도로 기하급수적으로 폭증할 가능성, 이른바 특이점Singularity을 주의해야 한다고 말한다. 즉 위험요인이 제대로 논의되지 않는다면 도래하는 정보사회 그리고 미래사회를 위태롭게 할 뿐만 아니라, 어쩌면 인류 사회를 농업사회로 회귀시킬지도 모른다고 경고한다.

이에 짐 데이토는 다음과 같은 질문을 던진다.

첫째, 과연 미래학이란 어떤 학문이며, 우리가 왜 미래학에 대해 관심을 가져야 하는 것일까?

둘째, 미래학은 우리의 실생활에 어떻게 접목되어 어떤 도움을 줄 것인가?

셋째, 미래학이란 무엇이고 미래학자의 임무는 무엇인가?

넷째, 미래학은 기타 학문 및 실생활과 어떤 관계가 있는가?

짐 데이토의 위와 같은 문제의식을 바탕으로 그의 혜안과 통찰을 살펴봄으로써, 바람직한 미래사회로 나아가기 위해 지향해야 할 정책학적 가치와의 공통분모가 무엇인지 살펴볼 필요가 있다.

대안: 미래학의 본질, 창조성에 주목하라

짐 데이토는 미래학을 설명하기에 앞서 미래 이미지를 크게 지속, 붕괴, 통제, 변형으로 분류하고 있다.

첫째, 미래에 대한 이미지 중에서 우리에게 가장 익숙한 형태는 지속 Continued Growth이다. 이는 과거와 현재에 진행될 트렌드가 앞으로 계속 이어질 것이란 태도를 말한다.

둘째, 붕괴Collapse는 전쟁 또는 대혼란으로 인해 기존의 시스템이 무너질 것이란 예측이다. 가령, 금융위기 이후에 자본주의 체제가 지속되지 못할 것이라는 불안감도 비관적 미래예측인 붕괴의 이미지와 관련이 있다.

셋째, 통제Disciplined는 여러 제약조건에 따라 문명이 점진적인 쇠퇴과정을 거치면서 획일화되고 억압적인 사회 시스템을 갖게 되는 것이다.

넷째, 변형Transformation은 현재로선 상상하기 어렵게 전혀 새로운 형태로 바뀐 미래의 이미지이다. SF소설에서나 나올법한 우주여행이 대중화되고 유전공학에 의해 인류가 새로운 종으로 바뀌는 등의 예를 들 수 있다.

위의 미래 이미지를 바탕으로 짐 데이토가 던진 미래학의 본질은 정확한 미래의 예측이 아니라, 다양하게 펼쳐져 있는 가능성을 고려하여 복수의 미래를 구상하는 것이다. 이와 더불어 저마다의 가능성에 대한 바람직한 전략을 수립하는 것을 말한다. 이에 그는 'future'

대신 'futures'라는 복수를 사용한다. 이는 짐 데이토가 생각하는 미래학이란, 하나의 미래만을 생각하는 것이 아니라 여러 경우의 수를 지닌 미래의 잠재적 가능성을 진정한 미래로 여기는 것을 의미한다. 즉 가능한 한 여러 가지 미래를 조사하고 그 중에서 가장 소망스러운 미래Desirable Future를 찾아내고, 원하는 방향Preferred Future으로 설계해 나가야 한다고 주장한다.

짐 데이토는 미래를 구성하는 세 가지 요소로 지속성Continuity, 순환성Circularity, 새로움Novelty을 들고 있다. 과거에는 지속성이 80%, 순환성이 15%, 새로움이 5%에 불과할 정도로 변화가 미약한 사회였지만, 앞으로 세상에서 미래를 이끄는 힘은 지속성이 5%, 1순환성이 15%, 새로움이 80%에 이를 것이라고 말한다.

다시 말해 미래는 새로움으로 가득 차있기에 예측할 수 없으며 미래학은 예측이 아닌 창조라는 것이다. 더불어 미래학은 단순히 '미래'를 연구하는 학문이 아니다. 미래는 실증적 연구 대상의 형태로 존재하지 않기 때문이다.

이렇듯 미래는 필연적이지 않으며 자신의 의지에 관계없이 따라야 할 무기력한 시공간도 아니다. 미래는 현 사회의 문제를 풀어 낼 수 있는 대안이 될 수도 있고, 삶의 투쟁과 희망을 반영하고 있기도 한 것이다. 곧 아직 일어나지 않은 미래의 사건을 예측하는 것이 아니라, 과거와 현재의 분석을 통해 '다양한 미래의 모습을 상상하는 것 그리고 자신에게 맞는 미래를 만들기 위한 것Futures study is to create the future, not to forecast it'이 미래학인 것이다.

이러한 미래학의 실현은 대안적인 미래상을 상상하고 개발하는 것에서부터 시작된다. 또한 서로 다른 것을 조합할 때 등장할 수 있는 예상치 못한 창의성에 주목하여, 새로운 것을 창조하는 통섭Consilience이 요구된다. 또한 바람직한 미래를 도출해내기 위해서 어떠한 힘들이 세상을 바꾸는지에 대한 끊임없는 관심과 연구가 필요하다.

초점: 미래예측과 정책역량의 강화

지난 20년간 소수의 미래학자들은 산업사회와 정보사회는 다른 모습으로 변하고 있다고 주장하였다. 대표적으로 어니스트 스턴버그 Ernest Sternberg는 미래사회를 아이콘 경제Icon Economy로, 롤프 옌센 Rolf Jensen은 드림 소사이어티Dream Society로, 조셉 파인Joseph Pine과 제임스 길모어James Gilmore는 경험경제Experience Economy 혹은 개념적 사회Conceptual Society라 일컬었다. 이는 모두 같은 현상을 다른 말로 표현한 것인데, 이에 짐 데이토는 미래사회에 대한 정의를 '미래학에 기반을 둔 아이콘Icon과 미학적 경험Aesthetic Experience으로 이루어지는 드림 소사이어티'라고 정의한다.

이렇듯 여러 학자들이 미래사회를 바라보는 관점은 다양하다. 짐 데이토는 특히 자동화, 인공지능, 로봇 등의 출현이 인간의 노동을 완전히 대체한다는 점과 이미지와 아이콘이 가치를 만들어내는 새로운 사회로 진입하고 있다는 점에 주목하고 있다. 이에 기술에 탐닉한 인간이 역사상 처음으로 불확실한 상태에 놓이게 되었다며, 우리로 하여금 발전하는 기술이 인간의 존엄에 어떻게 영향을 미칠지, 앞으로 인류의 행동을 어떻게 바꿔나갈지에 대한 깊은 관심과 성찰을 요구하게 된다고 주장했다.

이러한 관점에서 짐 데이토는 미래의 핵심이 되는 기술을 인류가 일을 하는 모든 방식으로 정의한다. 특히 '사람'을 강조하며 '무엇을 What'만이 아닌 '어떻게How'에 초점을 두고 있는 것이다. 그에 의하면 다가오는 미래의 기술은 가치중립적이지도 않고 통제할 수 없는 것이 아니다. 오히려 인류는 기술을 통해 서로 소통하며 스스로를 더욱 인간답게 만들고 더 나아가 자신의 정체성을 끊임없이 되묻고 변형해 나갈 수 있어야 하는 것이다.

특히 미래의 정부는 휴머니즘에 기반을 두어 지나친 인공지능에 대한 의존을 경계하고 그 속도를 조절해야 하며, 그 통제권을 스스로 가져야 한다고 본다. 또한 미래를 내다보고 미래의 기술을 변화시키는 요인이 무엇인지 통찰할 수 있는 능력을 배양해야 한다고 그는 주장한다.

미래학과 더불어 미래예측학을 연구한 짐 데이토는 미래를 예측하는 방법에 있어서 양적 방법론의 한계에 주목하고 있다. 그는 미래학을 공부하고, 연구하고, 가르칠수록 대부분의 양적 방법론이 그다지 쓸모가 없을 뿐더러 지나치게 사실을 오도하는 경향이 있다고 주장한다. 실제 우리가 살고 있는 세계는 불확실하고 예측 불가능한데 숫자로 표현되는 양적 방법론은 흔들림 없는 정확한 세계에 살고 있는 것처럼 착각하게 만든다는 것이다. 이러한 점을 근거로 하여 그는 양적 방법론과 질적 방법론의 적절한 통합적 사용이 필요하다고 주장하였다. 또한, 예상 밖의 이슈 등장에도 주목해야 한다고 말한다. 이를 기반으로 짐 데이토는 모든 정부조직에 대안적인 미래예측과 바람직한 미래설계라는 미래예측의 기능을 심어 미래예측 역량을 강화해야 한다고 주장했다.

하와이대학 미래 전략센터 소장을 맡고 있는 짐 데이토Jim Dator 교수는 지난 40년간 하와이대학과 버지니아테크Virginia Polytechnic Institute and State University of Virginia Tech에서 미래학을 가르쳐 온 '1세대 미래학자'이다.

짐 데이토는 1933년생으로 그가 태어난 당시 미국은 대공황의 한 가운데에 있었다. 그가 9살이 되던 때, 부친이 사망하였고, 이로 인해 짐 데이토의 모친은 생계를 위해 친정에 의존하며 가난한 삶을 살았다. 그는 이러한 성장배경을 가지고 스스로를 힘들게 삶을 살아가는 인간이었을 뿐이라고 설명하며, 이러한 배경으로 미래에 더욱 관심을 갖게 되었다고 말한다. 또한 짐 데이토는 어려서부터 거대담론과 윤리 문제에 흥미를 느꼈다. 그가 미래학을 연구하게 된 결정적인 계기는 그가 1960년 대 일본에서 6년간 교수직을 맡게 되면서부터이다. 일본이 미국의 모든 것을 따라 발전하는 것을 보았고, 이에 미국이 곧 일본의 미래라는 점을 깨닫게 되면서, 이를 연구하였고 본격적인 미래학자로 발돋움하게 되었다.

복합적이고 불확실한 초 현대사회에서 과거와 미래 사이, 그 가운데서 있는 우리에게 짐 데이토는 자신의 미래는 사라질지라도 공동체의 미래는 지속될 것이며, 그 미래는 낙관적일 것이라고 말한다. 우리가 살아가는 지금은 불안으로 가득 차있는 것으로 보이지만, 그 불안을 어떻게 해석하고 어떤 미래를 상상하느냐에 따라 그것은 기대로 바뀔 수 있다는 그의 주장은, 지금 바로 우리가 새겨봐야 할 대목으로 보인다.

앞으로 들이닥칠 쓰나미와도 같은 4차 산업혁명의 미래를 통찰력 있게 대응하면서, 인류에게는 미래를 열어나가는 용기와 창의력이 필요하다. 예측의 한계를 뛰어넘는 세상에 살고 있는 우리는 앞으로 무슨 일이 일어날지 그 누구도 알 수 없기 때문이다.

특이점이 다가온다

레이 커즈와일Ray Kurzweil 이야기

레이 커즈와일의 고민: 불확실한 한계를 뛰어넘기

레이 커즈와일이 태어난 1948년 미국은 '풍요한 사회Affluent Society' 라고 불릴 만큼 당시 역사상 가장 부유한 나라였다. 이처럼 외면적인 경제지표로는 부유했지만, 내면적으로는 흑인 차별대우에 대한 흑인인권운동(몽고메리 버스 보이콧)이 이루어지는 등 불안한 사회였다. 이후 쿠바 미사일 위기가 발생하면서 전 세계는 제3차 세계대전 발발 위기와 불안감 속에서 지냈다. 또한 레이 커즈와일Ray Kurzweil의 아버지와 어머니는 나치의 박해를 피해서 미국으로 온 유대인이었다. 이러한 분위기에서 자란 레이 커즈와일은 이렇게 불확실한 상황 속에서 먼 미래에 대한 상상을 즐겼던 것 같다.

레이 커즈와일은 음악가인 아버지와 비주얼 아티스트였던 어머니 아래에서 자라 예술적인 감각이 뛰어났다. 그리고 그는 컴퓨터 관련 분야에서도 뛰어난 재능을 보였다. 17살 때는 음악과 컴퓨터를 접목하여, 컴퓨터를 이용하여 작곡을 해서 TV쇼(I've Got a Secret)에 출연하기도 했다. 이를 통해 국제과학박람회International Science Fair와 웨스팅하우스과학경진대회Intel Science Talent Search에서 상을 받았다. 그리고 당시 대통령 린든 존슨을 만나 격려를 받기도 했다.

장래를 촉망받는 발명가로 살아가던 레이 커즈와일은 고등학교 때 그의 인생을 바꿀 멘토를 만났다. 그는 마빈 민스키Marvin Minsky 교수이다. 마빈 민스킨 교수는 인공지능 분야를 개척한 과학자로,

매사추세츠 공과대학교Massachusetts Institute of Technology: MIT의 인공지능 연구소의 공동 설립자이자 교수이다. 레이 커즈와일은 마빈 민스킨 교수의 가르침을 받기 위해 MIT에 입학했다. 그리고 인공지능에 관한 지식을 쌓아갔다.

레이 커즈와일은 인공지능에 대한 지식을 쌓아가면서, 처음에는 다른 사람들과 마찬가지로 현대 과학기술의 발전에 놀라움과 불안감을 느꼈다. 하지만 어려서부터 기계와 함께 음악을 만들고 불렀던 경험 때문인지, 그는 불안감보다는 새로운 것을 발견하는 기쁨에 빠져들었다. 그리고 불확실하지만 현대 과학기술이 인간과 융합될 것이라고 예측했다. 그는 이러한 깨달음을 대중들에게 어떻게 전파할까 고민했다. 즉, 현대 과학기술은 무서운 것이 아니라 함께 융합해서 어우러져 살아갈 대상이라는 것을 알려주고자 했다.

대안: 불확실한 미래를 예측을 통해 한계를 뛰어넘다(특이점이 온다)

레이 커즈와일은 우선 사람들에게 현대 과학기술을 통해 시각장애인이나 난독증을 앓고 있는 사람들을 도와야겠다고 생각했다. 그래서 그는 커즈와일 컴퓨터Kurzweil Computer Products Inc를 설립하여, 글을 음성으로 읽어주는 시각장애인을 위한 문서변환기, 커즈와일 리딩머신Kurzweil Reading Machine을 만들었다. 또한 커즈와일 교육시스템Kurzweil Educational System을 설립하여, 맹인, 난독증, ADHD 등의 장애를 가진 학생들을 도와주는 기술을 개발했다. 또한 환자진료를 도와주는 의료보조 프로그램을 만들어 무료로 배포했다.

그 이후 그는 인공지능 회사를 만들고자 했다. 회사를 만들기 위해 투자자들을 만나던 중에 구글의 공동창업자인 래리 페이지를 만났다. 래리 페이지는 구글에 모든 자원이 있으니 입사하라고 권유했고, 레이 커즈와일은 이를 받아들여, 2012년 구글에 "머신러닝과 언어처리 프로젝트"를 진행할 책임자로 입사하게 되었다. 레이 커즈와일까지 합세한 구글은 일취월장, 무서운 속도로 성장했다. 대중들의 기호와 마음을 먼저 읽고, 터뜨리는 첨단기술 제품마다 세계적인 히트를 하게 되자, 경쟁업체들에게서 "외계인을 납치해서 기술을 빼오는 것은 아니냐."는 이야기가 나올 정도로, 확고한 입지를 다지게 되었다.

레이 커즈와일은 특이점주의자라고 불린다. 특이점주의자Singularitarians란,10) 인공지능이 인간의 지능을 넘어서는 순간(특이점)이 곧 도래하고, 이것이 인류에게 엄청난 기회를 제공할 거라고 믿는 사람들을 말한다. 대표적인 특이점주의자로는 레이 커즈와일, 손정의 소프트뱅크 회장 등이 있다.

저서 ≪특이점이 온다The Singularity Is Near≫에서, 그는 "최초의 초지능 기계가 사람이 만들게 될 마지막 발명품이 될 것"이라고 말하면서, 기술은 기하급수적인 발전을 한다는 '수확 가속의 법칙The Law of Accelerating Returns'을 주장했다.

≪특이점이 온다The Singularity Is Near≫에서 말하는 두 가지 핵심적인 요소를 꼽자면,

1) 인간의 발전은 선형적이지 않고 기하급수적이다.
2) 기하급수적 증가가 최초의 예측을 뛰어넘는 속성을 지닌다.

이처럼 인간의 발전은 선형적이지 않고 기하급수적이다. 현재 우리가 활용하고 있는 기술을 보면, 시작점은 인류 역사의 끝부분에 위치하고 있다. 최근 주목받고 있는 빅데이터Big Data도 기하급수적이다. 기술의 발전은 보통 눈에 보이지 않게 증가하다가 어느 시점(Threshold,

곡선의 무릎)에서 폭발적으로 증가하여 완전히 다른 형태의 변화를 가져온다. 이러한 구조에서 과거라는 것은 큰 의미를 가지지 못한다. 변화를 인식할 때가 되면, 이미 새로운 변화가 시작되는 것이다.

레이 커즈와일은 특이점을 "인간의 사고 능력을 예상하기 힘들 정도로 획기적으로 발달된 것이 구현되어 인간을 초월하는 순간"이라 말하였으며, 2045년이 되면 인공지능이 모든 인간의 지능을 합친 것보다 더 강력할 것이라고 예측하면서, 인공지능에 대한 우려를 나타내기도 했다. 즉, 2045년이 되면 인공지능이 만들어낸 연구결과를 인간이 이해하지 못하게 되며, 이는 인간이 인공지능을 통제할 수 없는 지점이 올 수도 있는데, 그 지점이 바로 특이점인 것이라는 것이다.

결국, 레이 커즈와일의 주장은 인공지능이 결국 인간의 지능을 뛰어넘을 거라는 것이다. 하지만, 그의 주장이 우리가 결국 인공지능보다 못하기 때문에 삶을 포기하자는 것이 아니다. 오히려 인공지능의 도움을 받아 인간의 발전 가능성을 기하급수적으로 늘리는 등 인류의 삶을 새로운 각도에서, 새로운 통찰력으로 발전시키자는 것이다.

초점: 특이점과 정책학의 공통적인 목표

만약 레이 커즈와일이 제시한 특이점Singularity이 정말 도래한다면 어떻게 될까? '인간의 사고 능력으로는 예상하기 힘들 정도로 획기적인 인공지능이 구현되어 인간을 초월하는 순간'이 온다면, 그 때 정부는 무엇을 하고 있을까? 그리고 그 때 정책학이 말하는 인간의 존엄성이란 어떤 의미를 띄게 될까?

우리는 레이 커즈와일이 제시한 미래상에 대해 한번 생각해 봐야 한다. 불편한 진실이 될 수도 있지만 말이다. 레이 커즈와일 역시 놀라운 미래를 제시하면서도 자신은 낙관적이라고 주장한다. 인공지능의 도움을 받은 인간은 기존에 느끼는 감정보다 몇 배 더 깊은 감정과 지능을 사용해 훨씬 더 매력적인 사람이 될 것이라는 것이다.

인간과 인공지능이 협업해서 할 수 있는 일들을 만들어서 사람들의 불안감을 줄일 수는 없을까? 또한 이와 더불어 없어질 직업, 그리고 새롭게 생길 직업에 대한 대비도 필요할 것이다. 정부는 미래예측 기능과 역량을 더 강화해야 한다. 미래예측에 기초한 새로운 직업훈련의 기회도 더 많이 제공해야 할 것이다.

레이 커즈와일은 기술 발전에 대해 "많은 사람들이 기술 발전에 폐해에 대해 이야기하지만, 이는 부정적인 뉴스에만 집중하기 때문"이라며, "만약 기술이 발전하지 않았다면 공동체의 단위는 부족Tribe에 그쳤을 것이다."라고 말한다.

> "그게 바로 인간의 본성이다. 인간은 한계를 초월하고자 하며, 우린 늘
> 그렇게 해왔다(That's the nature of being human, we transcend
> our limitations.)"   — 레이 커즈와일(Ray Kurzweil).

쉬어가기   레이 커즈와일의 생애사

레이 커즈와일은 오스트리아 출신의 음악가 유대인 아버지와 비주얼 아티스트 유대인 어머니 밑에서 태어났다. 17살 때부터 컴퓨터를 이용해 음악을 작곡하여 TV쇼에 출연하기도 하였다. 이를 통해 국제과학박람회International Science Fair와 웨스팅하우스과학경진대회Intel Science Talent Search에서 상을 받았다.

이후에도 문서판독기, 광학문자인식기OCR, 음성인식기, 평판 스캐너, 문서를 음성으로 읽어주는 시각장애인용 음성변환기, 전문음악인들의 필

수장비가 된 신디사이저Synthesizer 커즈와일 등 수많은 발명품을 창안하여 '21세기 에디슨'이라고 불리고 있다.

레이 커즈와일은 매사추세츠 공과대학교MIT를 졸업했으며, 20개의 명예 박사학위를 받았으며, 세 명의 미국 대통령으로부터 훈장을 받았다. 미 월스트리트저널은 그를 "지칠 줄 모르는 천재"라고, 포브스는 "최고의 사고기계"라고 칭했다. 그는 다방면으로 활동하고 있어서 직업도 한두 가지가 아니다. 미국에서 태어났으며, 작가, 컴퓨터과학자, 발명가인 동시에 미래학자이다. 현재 알파고를 개발하는 구글의 엔지니어링 부문 이사이기도 하다.

그는 죽지 않기 위해 매일 100알 정도의 알약을 섭취하고 있다고 한다. 그것은 자신의 신체에 딱 맞게 제작되고 있으며 연 수억원의 비용이 든다고 한다. 영생을 위한 식단을 짜서 먹기도 하는데, 그래서 그런지 현재 69세인 그의 신체나이는 40대라고 한다. 또, 그는 인체냉동보존술CRYONIC 회사인 알코어 생명연장 재단Alcor Life Extention Foundation에 가입했다.

그는 죽음에 관해서 이렇게 말했다. "내가 죽으면 유리로 된 액체 질소 안에 관류할 것이다. 여기서 관류는 동물의 특정 장기를 생체 내에서 꺼내거나 또는 체내에 잔류시킨 상태로, 그 장기에 있는 맥관계에 관류액(영양액)을 순환시켜 세포를 일정기간 '살아있는' 상태로 유지시키는 실험법이다. 미래의 의료기술은 자신의 조직을 수리하고 부활시킬 수 있을 것이다."라고 말했다.

일생을 새로운 기술로 사람들을 이끌어온 레이 커즈와일은, 또 다시 특이점이 오는 시기까지 새로운 미래를 예측하여 몸소 보여주고 있다. 이후 결과가 어떻게 될지는 두고 봐야 하겠지만, 그의 인생은 에디슨처럼 남들보다 한발 앞서 나아가고 있다.

정책학과 4차 산업혁명:

4차 산업혁명과의 접점

POLICY

정 책 학 콘 서 트

정책학과 4차 산업혁명:
4차 산업혁명과의 접점

제4차 산업혁명의 창시자

클라우스 슈밥Klaus Schwab 이야기

**클라우스 슈밥의 고민: 국제 정세의 위기, 우리는 어떻게 더 나은
상태로 나아갈 수 있을까?**

우리가 살고 있는 세상을 좀 더 나은 상태로 만들기 위해!
(Committed to improving the state of the World!)

"우리가 살고 있는 세상을 좀 더 나은 상태로 만들기 위해!"라는
구호는 클라우스 슈밥 회장의 다보스 포럼이 내건 조직의 미션이다.

클라우스 슈밥Klaus Schwab은 1971년 세계경제포럼다보스 포럼의
전신인 '유럽 경영 심포지엄'을 창립할 당시 국제 정세에 관하여 다
음과 같이 말하고 있다.

103

"당시의 세계는 기술적, 정치적, 사회적, 경제적으로 격변의 시기A Period of Upheaval였다. 루이 암스트롱의 달 착륙, 냉전체제Cold War를 심화시키는 베트남전쟁, 국제적 관계 속에서의 미국의 역할에 대한 의문, (당시의) 선진 국에서 벌어지는 시민권, 빈곤과 정의를 위한 사회적 저항과 때때로 이를 넘어서는 폭력적 저항, 개발도상국에서의 사회적·경제적 안정화 구축에 따른 어려움, 미국의 금환본위제도Gold Standard에서의 탈퇴, 닉슨 대통령의 사임으로 인한 대중의 신뢰 붕괴와 정치적 위기, 중동 분쟁, 오일 쇼크Oil Price Shocks 등은 세계경제를 뒤흔들고 국제 에너지 위기를 촉발시켰 다."(Klaus Schwab, 2009: 8)

이렇듯, 당시의 국제 정세는 지금과 비교할 수 없을 정도로 격변 과 소용돌이의 장이었다. 슈밥은 세계적 평화와 경제적 위기를 타개 하기 위해 가장 중요한 것은 협력과 네트워크라고 보았다.

이에 1971년 유럽의 기업인과 미국의 저명한 비즈니스 스쿨의 교 수들이 모여 다양한 경영 이슈에 대해 진솔한 이야기를 나눌 수 있는 장을 마련하고자 유럽 경영 심포지엄European Management Symposium을 발족하였다.

초기 심포지엄은 서유럽을 중심으로 31개국에서 444명의 기업 경 영인들이 참석하였고, 이후 이러한 성공에 힘입어 유럽경영포럼the European Management Forum: EMF으로 확대 발족하였다.

이후 1987년 유럽이라는 국가 경계선에서 벗어나 보다 광범위한 관점에서 국제적 충돌 및 세계경제 문제를 해결하기 위해 조직의 비 전과 참여 구성원을 확대하였다. 그것이 현재의 세계경제포럼World Economic Forum, 다보스 포럼이다.

다보스 포럼은 다양한 사회적·경제적 국제 이슈를 다루었으며, 2016년 포럼에서는 제4차 산업혁명을 주창하였다. 그 이후 제4차 산업혁명이라는 이 새로운 단어는 세계의 산업, 경제, 문화혁명의 중심 화두로 떠오를 만큼 세계적인 화두가 되고 있다. 즉, 제4차 산업혁명에는 세계경제포럼이 있었고, 또 그 중심에는 클라우스 슈밥이 있다.

대안: 4차 산업혁명의 기술혁신, 그 이면에 주목해야 하는 것은 휴머니즘

2016년 1월 20일 개최된 다보스 포럼에서는 '4차 산업혁명의 이해Mastering the fourth industrial revolution'를 주제로, 글로벌 경제 위기 극복의 대안으로서 4차 산업혁명의 의의와 필요성, 나아가야 할 방향성에 대해 논의하는 계기가 되었다.

4차 산업혁명은 다양한 관점에서 정의·조명되고 있다.

첫째, 역사적 관점에서 제3차 산업혁명이었던 디지털혁명을 뛰어넘는 새로운 변화로, 과학기술과 디지털화가 정치·사회·경제 등 인간을 둘러싼 삶의 모든 부분을 바꾸는 파괴적 혁신을 의미한다. 특히, 슈밥 회장은 제4차 산업혁명을 이끄는 차세대 기술Tipping Point로서 물리학Physical(무인 운송수단, 3D 프린팅, 첨단 로봇, 신소재 등)·디지털Digital(사물인터넷, 디지털 플랫폼 등)·생물학Biological(인간게놈프로젝트, 합성물리학, 바이오프린팅 등) 기술의 융합을 제시하고 있다.

둘째, 4차 산업혁명의 도래는 초 연결성Super Connectivity과 초 지능성Super Intelligence을 의미한다. 과거에는 인터넷을 통해 사람-사람 간의 연결에 그쳤다면, 이제는 사람-기계-지능-데이터-서비스 등 사람과 사물, 심지어 현실세계와 가상세계까지 연결되는 초 고도화 현상이 나타날 것이다.

셋째, 단순한 정보 축적을 넘어 막대한 데이터를 분석하여 일정한 패턴을 파악하는 등 인간의 지능수준을 상회하는 초 지능화가 실현되는 것이다. 이러한 초 연결성, 초 지능성을 토대로 물리적·가상적·생물학적 영역의 융합이 이루어지고, 제품 및 서비스의 생산·관리·소비 등 인간의 삶을 둘러싼 모든 양태들이 자동화·지능화가 되는 혁신적 기술Disruptive Technology은 기존 사회의 전반적 구조 변화를 야기하고 있는 것이다.[11]

슈밥은 "우리의 삶을 송두리째 바꿀 4차 산업혁명이 다가오고 있으며, 그 속도가 기존 혁명과 비교할 수 없을 만큼 빠르고 광범위하게 일어나고 있다."고 말한다.

여기서 주목해야 할 것은, 제4차 산업혁명의 포문을 연 그임에도 불구하고, 사회적 영향력에 대해서는 명과 암을 모두 고려해야 함을 주창하고 있다는 점이다. 4차 산업혁명이 가지고 올 하드웨어·소프트웨어적 기술의 발전의 이면에는 노동시장의 붕괴, 사회적 불평등 심화, 인간 가치에 대한 평가 절하, 수단(기술적 발전)과 목적(인간의 행복) 간의 전도顚倒 등 다양한 사회적 실패가 도래할 수 있다는 것이다.

이를 극복하기 위해 2017년 세계경제포럼에서는 4차 산업혁명의 핵심에는 휴머니즘이 있어야 하며, 이를 실현시키기 위한 전략으로 '소통과 책임의 리더십responsive and responsible leadership'을 제시하고 있다. 즉, 4차 산업시대의 정부는 불안감과 좌절감을 느끼는 사람들에 대해 진술하게 반응하고, 공정하고 지속 성장이 가능한 대안을 제공해야 한다는 책임감을 가진 정부이어야 하며, 구체적으로 사회적·경제적 리더들은 물리적인 기술의 진화와 더불어 4가지 지능(상황맥락지능, 정서지능, 영감지능, 신체지능)을 갖추어야 함을 제시하였다.

첫째, 상황맥락지능이란 인지한 것을 잘 이해하고 적용하는 능력을 의미한다. 즉, 새로운 동향을 예측하고, 단편적 사실에서 결과를 도출할 수 있는 능력과 자발성을 의미하는 것으로, 이는 효과적인 리더십의 전형적 특징으로서 빠르게 변화하는 제4차 산업혁명의 특징을 고려할 때 적응과 생존의 전제조건이라고 할 수 있다.

둘째, 정서지능이란 생각과 감정을 정리하고 결합해 자기 자신 및 타인과 관계를 맺는 능력을 말한다. 정서지능은 상황맥락지능을 보완하는 기제이다. 그는 사회적·경제적 리더가 합리적 지능과 함께, 자기인식Self-Awareness, 자기조절Self-Regulation, 동기부여Motivation, 감정이입Empathy과 같은 정서지능을 토대로 다양한 분야의 협력을 유도할 수 있어야 한다고 주장한다.

셋째, 영감지능은 변화를 이끌고 공동의 이익을 꾀하기 위해 개인과 공동의 목적, 신뢰성, 여러 덕목 등을 활용하는 능력을 말하며, 그 핵심으로 '공유Sharing'에 주목하고 있다. 단순히 개인의 이익을 희생하고, 자기 자신의 욕구를 조절하는 것이 아닌, 개인의 이익과 공동의 목적의식 간의 균형을 통하여 공공의 이익을 추구하는 것이 곧 자기 자신의 이익이 될 수 있음을 인지해야 한다는 것이다.

넷째, 신체지능은 개인에게 닥칠 변화와 구조적 변화에 필요한 에너지를 얻기 위해 자신과 주변의 건강과 행복을 추구하고 유지하는 능력의 중요성을 강조하고 있다.

이상을 종합하면, 신속한 문제 해결 능력Agility과 함께 소통과 책임의 리더십Responsive and Responsible Leadership이다.

슈밥은 4차 산업혁명이라는 혁명적 변화 혹은 더 나은 세계로의 진화는 기술적 혁신이 아닌 휴머니즘에 있다고 보고 있다. 즉 사회적·경제적 리더는 단순한 합리지능을 넘어 다른 사람을 포용하고,

이해하며, 다양한 이해관계자들 간의 네트워크를 기반으로 공공의 이익을 창출할 수 있는 혁신적 리더가 되어야 한다는 것이다.

과학기술이 인간을 넘어서는 위기가 초래되고 있는 현 시점에서, 세계적 리더 혹은 정부가 갖추어야 할 덕목은 단순히 기술적 역량만이 아닌 정서적·영적 역량이 강조되고 있다는 점을 여기서 우리는 주목할 필요가 있다.

초점: 핵심은 사람이다, 인간 중심의 정책학

모든 건 사람과 가치에 달려있다!

(In the end it all comes down to people and value!)

이 모든 변화의 중심에는 사람이 있다. 사람과 가치가 핵심이다. 제4차 산업혁명은 이전의 혁명과는 비교할 수 없는 기하급수적 속도의 변화Velocity를 초래하고 있다.

단순한 산업적 경계를 넘어, 개인·사회·국가 등 인간을 둘러싼 다양한 범위와 깊이의 패러다임의 전환Breadth and Depth이 진행되고 있으며, 전 지구적인 영향System Impact을 미치고 있다.

제4차 산업혁명은 인류에게 '혁명적 기회Humanizing Robot'이자 동시에 인간 자체의 '근본적인 위협Robotize Humanity'이다. 피할 수 없는 이러한 격변의 소용돌이Vortex of Turbulence 앞에서 우리는 어떻게 더 나은 사회적 상태로 나아갈 수 있을까?

좋은 거버넌스는 생산성Productivity, 민주성Democracy과 더불어 성찰성Reflexivity의 가치에 기반을 두어야 한다. 어느 하나의 요소에서라도 균형이 벗어나는 경우 정책은 또 다른 사회적 문제의 원인으로 작용할 수 있고 이는 정책실패를 의미한다.

제4차 산업혁명 속에서의 국정 운영 역시, 과학기술 발전을 통한 생산성의 향상(생산성), 전자정부 및 사물 인터넷을 통한 직접 민주주의의 실현(민주성)과 더불어, 반드시 인간이 중심이 되는 사회의 실현(성찰성)이 있어야 한다. 클라우스 슈밥 회장이 주장하는 것처럼, 모든 정책의 종점에는 인간이 있어야 함을 명심해야 한다In the end it all comes down to people and value.

또한 휴머니즘의 가치를 실현하기 위해서는 국정리더의 역할이 중요하다. 인지 능력으로서의 합리성과 함께, 상황맥락지능, 정서지능, 영감지능, 신체지능을 바탕으로 한 '소통과 책임의 리더십Responsive and Responsible Leadership'이 필요하다. 제4차 산업혁명이 요구하는 리더는 단순한 '지능적 리더'가 아닌, '지혜를 갖춘 리더'이며, 사람에 대한 애정을 바탕으로 사람과 사람, 세상과 세상의 관계를 확장해 나가는 소통과 공감의 리더인 것이다. 이것이 또한 인간의 존엄성을 지향하는 민주주의 정책학의 정신일 것이다.

쉬어가기 클라우스 슈밥의 생애사

클라우스 슈밥 회장은 독일계 유대인으로, 미국 하버드대학에서 공부하였다. 스위스 제네바대학Geneva University에서 경영정책Business Policy 교수를 역임하면서 네트워킹 능력과 창의적 아이디어가 탁월하다는 평가를 받고 있다.

클라우스 슈밥 회장은 미국 내에 유럽 기업의 네트워크를 구축하기 위해 1971년 다보스에서 유럽경제포럼European Management Forum을 개최하였고, 1987년 유럽이라는 국가적 경계선에서 벗어나 보다 광범위한 관점에서 국제적 문제를 해결하고자 현재의 세계경제포럼으로 확대하였다. 세계경제포럼WEF은 국제협력을 강화하고 국제적 갈등을 해결하기 위해 정치적·경제적·사회적 경계를 허물고, 국제사회를 이끄는 저명한 경제학자, 정치가, 과학자, 기업가들이 매해 다보스Davos에서 모이는 집단지성의 구현의 장The Place Where Leaders Meet by Klaus Schwab을 말한다.

오바마 미국 대통령, 사르코지 프랑스 대통령 등 세계적인 정치가가 다보스에 초청받았으며, 2017년 다보스 포럼의 기조연설자는 중국의 시진핑 주석이었다. 전 세계 유명 인사들은 이 포럼에 초대받고 연설하는 것을 가장 큰 영예로 생각할 만큼, 이 포럼은 세계 정치, 경제, 경영의 대표적인 무대로 자리 잡았다. 물론 그 무대의 중심에는 클라우스 슈밥 회장이 있다.

한계비용 제로사회

제레미 리프킨 Jeremy Rifkin 이야기

제레미 리프킨의 고민: 과연 인류에게 지속가능한 미래가 있을까?

1970년대 이후의 기술 발전은 사회 각 분야에 막대한 영향을 끼쳤다. 그 중에서도 산업 분야에 있어 컴퓨터의 발전을 필두로 한 정보기술의 발전은 기업들로 하여금 생산성의 제고를 꾀할 수 있는 좋은 수단으로 인식되었다.

그러나 우리가 누리는 윤택한 삶은 무분별한 자원의 소비를 기반으로 이루어졌다. 인간의 삶의 질이 향상될수록 자원고갈과 환경오염은 심화되었다. 또한 자동화된 기술의 도입은 인간에게 편리함을 안겨주었지만, 기계가 인간을 대체하면서 인간의 생존이 위협받는 처지에 놓이게 되었다.

그에 따라 우리 사회는 실업으로 인한 사회적 비용이 증가하고, 국가 경제가 더 이상 성장하지 못하고 정체될 것이라는 위기감이 고조되고 있다. 날이 갈수록 충격적인 범죄가 끊임없이 벌어지고, 사람들 간의 사랑과 공감 능력은 약화되며, 계층 간, 세대 간 갈등이 심화되고 있다. 지구의 환경은 변화하며 누군가의 삶을 위협하고 있고, 자연이 제공하던 에너지의 원천은 줄어가고 있다.

이것들은 어느 하나만 따로 떼어놓고 해결할 수 없는, 서로 밀접하게 얽혀 있는 거대한 구조의 사악한 문제들Wicked Problems이다. 이처럼 과학기술이 가져온 사악한 문제들 속에서 미국의 경제학자이자 미래학자, 사회운동가인 제레미 리프킨Jeremy Rifkin은 인류에게 지속가능한 미래가 있을까에 대해 의문을 품기 시작했다.

대안: 협력적 공유사회와 한계비용 제로사회

제레미 리프킨은 인류의 지속가능한 미래를 위해 해결책을 제시하려고 노력했다.

그의 저서 ≪노동의 종말The End of Work≫(1995)에 따르면, 정보화 사회는 인간의 삶을 풍족하게 만들기는커녕, 오히려 일자리를 사라지게 만들면서 인간의 생존에 위협이 되었다. 리프킨은 소수의 엘리트를 제외한 인간의 노동이 서서히 제거되면서, 가진 자와 못 가진 자의 차이는 커지고, 양극화된 사회는 인간을 디스토피아Dystopia로 떨어뜨릴 수 있다고 진단했다. 이를 막기 위해, 제레미 리프킨은 노동시간을 줄이고, 비영리적인 제3부문에서 일자리를 창출하여 생산성 향상의 혜택을 사회 구성원 전체가 골고루 나누는 '생산성 혁명'이 필요하다고 주장한다.

이후, 리프킨은 ≪3차 산업혁명The Third Industrial Revolution≫(2011)이라는 저서를 출간한다. 그는 화석연료를 동력으로 한 1·2차 산업혁명이 각종 환경오염을 야기하면서 인류를 위협한다고 지적하면서, 재생가능한 에너지를 인터넷기술과 융합해 생산 한계비용을 '0'으로 만드는, 새로운 형태의 3차 산업혁명을 해결책으로 제시했다. 이것은 용어만 3차 산업혁명이지 최근 나오고 있는 4차 산업혁명보다도 더 이후의 미래를 그린 것으로 평가받고 있다.

또한, 이것은 추후 출간된 ≪한계비용 제로사회The Zero Marginal Cost Society≫(2014)와 연결된다. 제레미 리프킨은 복합적으로 얽혀있어 한 번에 모든 것을 해결할 수 없는, 거대한 구조의 사악한 문제들에 대한 해법으로, '한계비용 제로사회'로의 전환과 새로운 경제시스템인 '협력적 공유사회Collaborative Commons'의 등장을 제안했다.

리프킨은 요즘과 같은 첨단기술 집약적인 환경에서야말로 한계비용이 제로에 가까운 사회가 탄생할 수 있다고 주장했다. 기술혁신, 즉 자본주의의 생산성 추구가 극도에 달하게 되면 협력적 소비를 통하여 모든 것을 무료로 얻을 수 있게 되며, 이것을 그는 한계비용 제로의 사회라고 칭했다.

그리고 모든 사람이 협업으로 생산과정에 참여하고, 그 결과로 얻은 산출물을 공유하는 '협력적 공유 경제' 방식으로 경제가 운영된다면, 한계비용이 제로인 상황에서 모든 사람이 자원을 마음껏 사용하더라도 고갈되지 않는 풍요를 누릴 수 있게 된다고 주장하였다.

초점: 인간의 공감능력에 기초한 사람 중심의 정책학

라스웰Harold Lasswell에 따르면, 정책학은 문제 해결을 지향하면서 시간성과 공간성의 맥락성을 가지며 또한, 순수학문이자 응용학문으로서 연합학문지향성을 지닌다. 무엇보다도 정책학의 최종적인 목표는 인간의 존엄성을 실현하는 것이다.

제레미 리프킨은 라스웰의 정책학 패러다임처럼 사회의 문제를 해결하는 데 있어서 인간을 그 중심에 두었다. 어떠한 기술의 발전도 그 자체만으로는 문제 해결에 도움이 되지 않는다. 첨단기술 역시 표면적으로는 진보進步처럼 보이지만 사실은 답보踏步와 마찬가지다.

인간의 문제를 해결을 위해서는 사고방식, 즉 패러다임을 바꿔야 한다. 제레미 리프킨은 인간의 '공감 능력'에 주목하고 있다. 그는 ≪공감의 시대The Empathic Civilization≫(2009)에서, 인간의 공감능력을 통해 인간은 협력할 수 있으며, 자원을 무작정 개발만 할 게 아니라, 서로 협력하고 공유하여 사회의 다양한 문제점들을 해결해야 한다고 강조하고 있다.

이처럼 제레미 리프킨은 사회 문제에 대해 단순히 정책 수단만을 제안한 게 아니라, 인간 중심의 철학과 접근방법을 제시해 주었다는 데에서 큰 의미를 찾을 수 있다. 그리고 그 방향성은 인류의 사랑과 공감능력과 같은 인간의 존엄성을 증진시킬 수 있는 핵심 가치에서 찾아야 할 것이다.

쉬어가기 제레미 리프킨의 생애사

세계적인 경제학자이자 문명비평가로 알려진 제레미 리프킨Jeremy Rifkin은, 1945년 미국 콜로라도주 덴버에서 출생했다. 1967년 펜실베니아 대학 와튼스쿨Wharton School에서 경제학 학위를 받고, 보스톤 터프츠대학교Tufts University 플레쳐 스쿨Fletcher School에서 국제관계학 석사학위를 받았다.

1966년 어느 날, 제레미 리프킨은 베트남전쟁에 반대하는 학생들이 진압당하는 것을 보고 큰 충격에 휩싸였다. 바로 그 다음 날, 리프킨은 언론 자유 집회a Freedom-of-Speech rally를 조직하여 반전·평화운동에 적극적으로 참여했다.

이를 계기로, 리프킨은 '행동하는 학자'로 거듭난다. 1977년 경제동향연구재단Foundation on Eonomic Trends: FOET을 설립하여 현재까지 이사장으로 재직하면서, 노동 문제, 생명과학실험의 윤리성 문제 제기, 미국의 공적 연금기금에 대한 투자, 유전자 조작 식품 표시 요구 등 국내외 공공정책 현안에 적극적으로 참여하고 있다. 또한 1993년에 '육식절제운동Beyond Beef Coalition'을 설립하여, 부인 캐롤 리프킨Carol Grunewald Rikfin과 함께 채식운동과 녹색생활운동을 펼치고 있다.

현재 리프킨은 1995년부터 모교인 와튼스쿨의 최고경영자과정 교수로 있으며, 전 세계를 여행하면서 글로벌 트렌드, 과학기술이 경제와 사회에 미치는 영향 등에 대해 강연하고 있다. 리프킨은 2015년 MIT에서 시행한 월드포스트와 허핑턴포스트World Post & Huffington Post에서 조사한 '세계에서 가장 영향력 있는 경제사상가The Top 10 Most Influential Economic Thinkers' 10위 안에 들었다.

그의 행적이나 저서를 보면, 리프킨의 활동 분야는 생명공학, 물리학, 사회학, 미래학 등을 아우른다. 그는 1980년 ≪엔트로피 법칙Entropy: A New World View≫을 필두로, ≪노동의 종말The End of Work≫(1995), ≪소유의 종말The Age of Access≫(2000), ≪수소경제The Hydrogen Economy≫(2002), ≪공감의 시대The Empathic Civilization≫(2009), ≪3차 산업혁명The Third Industrial Revolution≫(2011) 그리고 ≪한계비용 제로 사회The Zero Marginal Cost Society≫(2014)까지 20권에 이르는 베스트셀러를 출판했다. 이 책들은 30여 개의 언어로 번역되었고, 그 영향으로 리프킨은 유럽연합과 중국 등 전 세계 지도층 인사들과 교류하면서 정책자문역을 맡고 있다.

V

정책학과 포용의 리더십:

리더십과의 접목

POLICY

정책학 콘서트

PART V

정책학과 포용의 리더십:

리더십과의 접목

통합과 포용의 리더십

아담 카헤인Adam Kahane 이야기

아담 카헤인의 고민: 복잡한 문제와 갈등은 어떻게 해결해야 할 것인가?

최근 현대사회는 다양한 이해관계 속에 얽힌 복잡한 문제와 함께 뉴노멀New-Normal시대라는 새로운 상황에 직면해 있다. 이에 우리는 부의 양극화, 지구 온난화, 핵 위기, 취업난, 내란과 분쟁의 소식을 다양한 매체들을 통해 매일 같이 접하고 있는 실정이다. 특히, 대한민국은 남북 간, 노사 간, 계층 간 등 갈등의 이슈들로 가득 찬 초갈등사회로 진입하고 있다. 현재 대한민국을 지배하는 갈등 패러다임은 한 두 부처만으로는 풀 수 없는, 그리고 쉽게 솔루션이 보이지 않는 거대한 구조의 사악한, 복합적 문제Wicked & Mega Complex Problem로 발전하고 있다.

세계 이곳 저곳을 누비며 다양한 분야 지도자들과 복잡한 구조의 사악한 문제 해결을 위해 노력한 사람이 있다. 그의 경험과 교훈을 소개해 보고자 한다. 그가 바로 아담 카헤인Adam Kahane이다.

그는 다음과 같은 질문을 한다.

첫째, 난해하기 짝이 없는 문제들을 어떻게 해결해야 할까?

둘째, 복잡하게 얽히고 설켜 교착상태에 빠진 문제들은 어떻게 돌파해야 할까?

셋째, 어떻게 사회변화를 만들어 낼 수 있을까?

이러한 문제의식을 가진 아담 카헤인은 남아공 흑백 분리주의 Apartheid 신드롬을 시나리오 플래닝을 통해 몽플레 컨퍼런스Mont Flare Conference라는 유명한 프로젝트를 성공시켰다.

그는 이러한 경험과 더불어 마틴 루터킹 연설문에서 시사 받아, 갈등 해결의 마중물로서 힘과 사랑의 역학관계에 주목하게 된다.

"사랑이 없는 힘은 무효하고 폭력적이다. 힘이 없는 사랑은 감정적이고 나약하다(Power without love is reckless and abusive, and love without power is sentimental and anemic)."　　－ 마틴 루터킹

사랑이 없는 힘은 무모하며 폭력적이고 힘이 없는 사랑은 감성적이고 나약하기 때문에 이 둘 간의 균형을 이루는 것이 중요하다는 점을 깨달은 것이다. 이에 아담 카헤인은 '힘과 사랑의 통합'을 갈등을 푸는 해법으로 제시한다.

대안: 힘과 사랑의 균형점 모색

아담 카헤인은 1991년, 남아공의 첨예했던 흑백인종갈등을 해결하기 위해 몽플레 컨퍼런스Mont Flare Conference를 진행하게 된다. 몽플레Mont Flare는 전원적인 풍경을 가진 아름다운 포도농장이다. 이곳에 위치한 컨퍼런스 회의장에서 상이한 인종과 배경을 지닌 22인의 참여자들은 1년 이상 머리를 맞대고 남아공의 갈등을 풀고 미래를 실현하기 위해 다양한 시나리오 구성 작업을 해 나갔다. 그것은 시나리오 플래닝을 이용한 미래지향적 갈등해결방식이었으며, 그 결과는 성공적이었다. 몽플레 컨퍼런스에 참여한 지도자들은 생산적인 토론의 중요성을 깨달았고, 소통을 통한 화합의 가능성을 발견하였다. 또한 이는 화합과 통합정책의 밑거름이 되었으며, 그들로 하여금 '복잡한 문제는 슈퍼맨이 해결하는 것이 아니라, 문제의 당사자들이 모여 스스로 해결책을 마련함으로써 풀 수 있음'을 깨닫게 하였다.

이후, 아담 카헤인은 소통을 통해 마음을 열고 통합함으로써 새로운 사회 현실을 창조할 수 있다는 믿음과 더불어, 힘과 사랑의 균형을 통한 갈등해결의 방법을 제시하게 된다.

아담 카헤인이 주장하는 갈등 해결의 해법은 한마디로 '열린 마음'이다. 그 중에서도 힘Power과 사랑Love에 그는 주목한다. 전쟁과 평화처럼 마치 정반대의 접근으로 보이는 두 가지 방법을 통합시켜 새로운 해법을 창조해야 갈등을 해결할 수 있다는 것이다.

그는 세계 곳곳에서 발생하는 갈등과 문제의 해결을 위한 힘과 사랑에 대한 이해를 돕기 위해 폴 틸리히Paul Tillich의 견해를 빌린다.

먼저, 힘이란 '강도를 높이고 외연을 확장하면서, 자아실현을 위해 노력하는 모든 것의 동력'으로서, 한 개인 혹은 집단의 목표를 달성하고 업무를 완수하고 성장하는 동력이다.

다음으로, 사랑은 '분열된 것을 통합으로 나아가게 하는 동력'으로서, 이는 분열되었거나 그렇게 보이는 것들을 다시 연결하여 하나로 만들어주는 동력이다.

힘이 개인이나 집단이 자아실현을 위해 움직이는 동력을 말한다면, 사랑은 힘의 여러 주체가 분쟁을 일으킬 때 그들을 통합하는 동력을 말한다. 도덕이 결여된 힘과 힘이 결여된 도덕의 충돌이 우리가 맞닥뜨린 중대위기의 원인이기에 힘과 사랑의 균형점을 잘 잡는 것이 통합에서 가장 중요하다는 것이다.

또한 힘과 사랑은 발전적인Generative 속성과 퇴행적인Degenerative 속성으로 구분되는 양면성을 갖고 있다는 점을 주목해야 하며, 양자를 마구 뒤섞거나 한 쪽만 선택하거나 억지로 합쳐서는 안 된다. 외부와 자신의 내면 모두에 힘과 사랑의 딜레마로 인해 야기된 창조적 긴장이라는 힘과 사랑의 양면성을 인식하고, 이를 균형 있게 잘 사용할 필요가 있다.

초점: 통합을 넘어 포용으로, 통합과 포용의 정책학

정치인들과 게릴라들의 협상, 사회운동가들과 공무원들의 회의, 학계와 노동조합의 모임에서 진행자의 역할을 맡아 세계 곳곳에서 '사람들이 어떻게 어렵고 복잡한 문제를 푸는 데 성공하는지, 혹은 실패하는지'를 경험한 아담 카헤인은 스스로를 문제 해결의 중립적인 조정자Facilitator라 일컫는다.

아담 카헤인은 몽플레 컨퍼런스를 통해 얻은 통합의 리더십과 그것을 넘어 힘과 사랑의 균형을 통한 포용을 강조한다. 다시 말해 여러 사회 문제와 갈등을 대처하는 데 있어 양극단의 방식이 아닌 서로 긴장관계에 있는 전혀 다른 두 가지 근본적인 동력을 활용해야 한다는 것이다.

인류역사는 그동안 여러 문제와 갈등을 해결함에 있어 힘과 의지에 의존했던 게 사실이다. 이는 필연적으로 부정심리와 이해관계의 충돌이라는 부작용을 낳을 수밖에 없었다.

이러한 부작용을 제거하기 위해 문제 해결의 첫 단추로 우리는 먼저 복잡한 문제는 발생학적, 역학적, 사회적으로 복합성을 띤 예측 불가능한 문제임을 인지해야 한다. 즉 문제는 여러 복합성을 띠고 있기 때문에 힘에 의존한 강압적인 방식은 지속가능한 문제 해결이 되지 못한다는 점을 인식해야 한다.

다음으로는, 이상적인 갈등 해결은 힘과 더불어 화해와 사랑의 변수를 투입해야 가능하다는 점을 깨달아야 한다. 지속가능하고 진정한 변화를 이루기 위해 어느 한쪽에 치우치지 않고 힘과 사랑의 균형점을 발견하고자 하는 노력이 요구된다. 이것만이 궁극적으로 평화와 행복, 더 나아가 창의성을 통한 발전, 성장, 혁신이라는 결과를 가져올 수 있는 것이다.

제4차 산업혁명으로 대변되는 점점 복잡해지는 세계는 갈수록 불특정한 위협을 끊임없이 대두시키고 첨예한 갈등을 낳고 있다. 이에 우리는 아담 카헤인의 지혜를 빌려야 한다. 상대의 도움이 없이는 즐길 수 없는 시소 게임처럼, 서로의 무게 균형을 맞추기 위한 소통과 협력을 통해, 진정한 신뢰와 포용이라는 새로운 인류의 도전을 통해 새로운 휴머니즘을 발견해 나가야 할 것이다. 그것이 또한 미래 정책학에 부여된 사명이자 과제이기도 하다.

아담 카헤인Adam Kahane은 캐나다 몬트리올 출신으로 어려서부터 어려운 문제를 해결할 수 있는 전문가가 되고자 하였다. 그는 몬트리올 맥길Macgil대학에서 물리학 학사과정을 수석으로 졸업하였고, 캘리포니아 버클리대학University of California at Berkeley에서 에너지와 자원경제로, 그리고 워싱톤주에 있는 베스티대학University of Bastyr에서 응용행동 과학으로 석사학위를 받았다. 또한, 하버드 로스쿨에서 협상학을 공부하였다.

1990년 초까지 세계적인 에너지 다국적 기업, 쉘Royal Dutch Shell에서 사회, 정치, 경제, 기술 분야의 시나리오Scenario planning를 작성하는 팀의 수석으로 일했고, 쉘Shell 입사 전에는 캘리포니아에 있는 퍼시픽 가스 & 일렉트릭사Pacific Gas & Electric, 파리에 있는 경제협력과 발전을 위한 기구, 비엔나에 있는 응용시스템분석을 위한 국제연구소, 도쿄에 있는 에너지경제연구소, 그리고 토론토대학, 브리티시 콜롬비아대학, 웨스턴 케이프대학에서 전략연구원으로 활동했다.

그러던 중, 1991년과 1992년에 몽플레Mont Flare 시나리오 기획을 진행하여 남아공의 갈등을 성공적으로 해결하게 된다. 이후, 쉘 기획팀장이라는 안정된 자리를 포기하고 시나리오 워크숍을 통해서 분쟁을 해결하는 컨설팅회사를 설립한다. 그는 다양한 분쟁지역을 돌아다니며 시나리오 워크숍을 진행했다. 바스크Basque 분리주의자와 연방주의자가 대립하는 스페인, 영어권과 프랑스어권이 대립하는 캐나다, 사법 개혁을 시도하는 아르헨티나, 협상이 진행 중인 이스라엘과 팔레스타인, 정부군과 반정부 게릴라가 싸우고 있는 콜롬비아, 대규모 학살이 지난 후의 과테말라 등지에서, 그는 사람들이 새로운 미래의 청사진을 만들어내는 일을 도왔다.

아담 카헤인Adam Kahane은 ≪앞서가는 글로벌 경영Fast company≫ 지誌에서 수여하는, 세계에서 앞서가는 인물에 선정되었다.

믿음과 포용의 리더

넬슨 만델라 Nelson Mandela 이야기

넬슨 만델라의 고민: 흑黑과 백白 양극 속에서 깨달은 자각

넬슨 만델라Nelson Mandela는 1918년 남아프리카공화국 음베조에서 추장의 자손으로 태어나, 큰 어려움 없이 유년시절을 보내고, 포트헤어대학에 입학했다. 포트헤어대학 재학시 넬슨 만델라는 인생을 바꿀 일생일대의 사건을 목격한다. 흑인 친구가 백인에게 모욕당하는 것을 본 것이다. 이를 본 넬슨 만델라는 인종차별적 대우에 대해 충격을 받았고, 바로 이것이 잘못되었음을 자각했다. 인종차별의 부당함을 자각한 넬슨 만델라는 포트헤어대학교에서 학생대표위원회로 활동하다 학교 측과의 갈등으로 학교를 그만두었다.

학교를 그만둔 넬슨 만델라는 요하네스버그의 부동산 사무실에서 서기로 일하게 된다. 그러다 그는 변호사라는 직업을 알게 되고 변호사를 꿈꾸면서 법률공부를 시작했다. 그리고 비트바테르스란트대학교University of the Witwatersrand에 입학했다. 넬슨 만델라는 법률공부를 하면서 인종차별을 없애기 위한 준비를 차근차근 시작한다. 우선 아프리카민족회의ANC 산하 청년 연맹을 만들었고, 비폭력운동을 통해 아파르트헤이트(남아프리카 공화국의 극단적인 인종차별정책: Apartheid) 반대운동에 적극적으로 나섰다. 힘든 투쟁이었지만, 인종차별 철폐라는 목표를 위해 넬슨 만델라와 동료들은 한걸음씩 나아갔다.

하지만 넬슨 만델라에게도 비극이 찾아온다. 그가 속해 있던 단체인 범아프리카회의Pan Africanist Congress: PAC가 강경한 투쟁을 표방

하며, 한 마을에서 대규모 집회를 열었는데 경찰들이 총기를 난사해 69명이 사망한 사건이 발생한 것이다. 이 사건을 계기로 본 넬슨 만델라는 평화시위운동을 중단하고 무장투쟁을 전개한다. 국민의 창 Umkhonto we Sizwe이라는 비밀군대를 만들고, 무장투쟁을 위해 군사 훈련을 받았다. 그러던 중 국민의 창 회동을 가졌다가 체포되어 종신형을 선고 받았다.

그때 넬슨 만델라는 초심을 생각하는 시간을 가졌다. 처음 아프리카 민족회의에서 비폭력 평화운동을 전개할 것이라고 주장했을 때를 말이다. 무장투쟁을 준비하던 중에 잡혀왔지만 만약에 잡히지 않고 무장투쟁을 했다면 과연 지금의 인종차별이 사라졌을까? 백인과 흑인 모두 더 격렬하게 서로를 미워하며 싸우지는 않았을까? 이러한 성찰 끝에 그는 표면적 성공이 아니라 모두의 마음속에서 인종차별을 없애기 위해 앞으로 무엇을 해야 할지를 진지하게 고민했다.

대안: 진정한 믿음과 포용을 보여주는 리더십

넬슨 만델라는 잠시 동료들의 죽음에 분노를 느껴 무장투쟁을 전개하려고 했으나, 감옥에 들어가게 되면서 초심初心을 생각하는 시간을 가졌다. 처음 아프리카 민족회의에서 비폭력 평화운동을 전개할 것이라고 주장했을 때를 말이다. 다시 초심을 새긴 넬슨 만델라지만, 아프리카 민족회의 지도자들과 함께 내란음모 혐의를 받고 종신형을 선고 받았다. 하지만 넬슨 만델라는 절망하지 않았다. 자신은 비록 감옥 안에서 나갈 수는 없지만, 교도관과 종신형을 선고 받지 않은 재소자들은 감옥 밖으로 나갈 수 있고, 이들도 남아프리카공화국의 국민이었기 때문이다. 우선 넬슨 만델라는 열악한 감옥 환경을 개선시키기 위해 투쟁했고, 점차 감옥 환경은 개선되기 시작했다.

넬슨 만델라는 주변 환경과 사람들을 변화시키기 위해 솔선수범率先垂範했다. 넬슨 만델라는 감옥에서 나무를 심고, 채소밭을 가꿨다. 그리고 매일 꾸준하게 운동을 했다. 이를 본 재소자들도 달라지기 시작했다. 넬슨 만델라를 따라 나무와 채소밭을 가꾸고, 운동을 시작했다. 그리고 그는 재소중인 정치범들과의 대화를 통해 앞으로 남아프리카공화국이 나아가야 할 방향을 알렸다. 넬슨 만델라의 명성은 감옥에 들어오기 전보다 더해갔다. 이러한 이야기는 밖으로 퍼져 인종차별정책의 철폐로 이어지기 시작했다.

1990년, 그는 27년간의 복역생활을 마치고 석방되었다. 종신형을 받은 넬슨 만델라가 석방된 이유는 흑인들의 극단적인 시위가 점차 심해지고 있었기 때문이었다. 넬슨 만델라는 당황하지 않았다. 그는 남아프리카공화국의 국민들이 협력해서 해결할 수 있다고 믿었다. 그는 백인정부와 협상을 지속하면서, 민주적인 선거를 주장했다. 그리고 마침내 1994년 남아프리카공화국에서 최초로 백인과 흑인이 모두 참여한 자유총선거가 실시됐고, 이 선거를 통해 넬슨 만델라는 남아프리카공화국의 대통령으로 선출되었다.

넬슨 만델라는 진정한 믿음으로 350여 년간의 아파르트헤이트를 철폐했고, 백인과 흑인이 모두 참여한 자유총선거를 실시했다. 갈등도 있었고, 아픔도 있었지만, 그는 믿음을 잃지 않았다. 또한 끊임없이 자신을 괴롭히고, 심지어는 죽이려고 했던 백인들에게 진실과 화해위원회TRC를 설치해, 화해의 손을 내밀었고, 진심으로 반성하는 백인들을 용서했다. 넬슨 만델라는 진정한 믿음을 바탕으로 한 리더십을 통해 남아프리카공화국의 흑인은 물론, 백인들의 마음까지도 움직였다.

초점: 국민의 마음을 움직이는 정책학

"용서는 하되, 망각하지는 않는다." – 넬슨 만델라

만델라의 자서전인 ≪자유를 향한 긴 여정≫을 함께 집필한 리처드 스텐젤Richard Stengel은 만델라는 공과 사가 투명한 사람이고, 리더십의 기초인 믿음과 포용을 가르친다고 말한다. 넬슨 만델라는 믿음과 포용을 통해 350여 년간 나눠져 있던 남아프리카공화국 백인과 흑인을 하나의 남아프리카공화국 국민들로 화합시켰다. 억지로 힘에 의해서 화합을 시킨 것이 아니라, 본인이 먼저 백인들을 용서하고 포용하는 모습을 보이면서 국민들을 움직였다. 이러한 넬슨 만델라의 모습은 정책결정권자, 정치지도자들이 배워야 한다.

넬슨 만델라는 자신을 27년간이나 복역시키고, 심지어는 죽이려고 한 백인들을 용서했다. 그냥 말로만 용서를 한 것이 아니라, 백인들과 함께 남아프리카공화국의 문제에 대해 토론하고, 대안을 찾아갔다.

넬슨 만델라가 직접 참여하지는 않았지만, 몽플레 컨퍼런스Mont Flare Conference를 통해 나온 시나리오를 바탕으로 국정을 운영했다. 몽플레 컨퍼런스는 흑인과 백인의 대립으로 무정부 상태가 지속된 상태에서 남아프리카공화국의 성공적인 전환을 이끌기 위해, 1년 동안 상이한 인종과 배경을 가진 22인이 참여해서, 시나리오 플래닝 Scenario Planning을 통해 남아프리카공화국의 이후 시나리오를 기획한 것이다.

넬슨 만델라는 몽플레 컨퍼런스를 통해 나온 시나리오를 바탕으로 백인을 배척하지 않고 함께 협력했다. 이는 과거에 흑인들이 배척받았을 때를 망각하지 않았기 때문이다. 망각하지 않았다는 것은 넬슨 만델라가 백인들을 온전히 용서하지 않았다는 뜻이 아니다. 백인들의 잘못을 용서했지만, 과거의 경험을 통해 깨달은 잘못된 점을 잊지 않았다는 것이다. 이는 넬슨 만델라 정부의 슬로건 '용서는 하되, 망각하지는 않는다.'를 통해 설명할 수 있다.

현재 우리나라는 세대 간, 계층 간, 이념 간 양극화 현상이 심하다. 서로가 서로를 탓하고, 상대방을 문제의 원인으로 여기고 있다. 이러한 갈등상황에서 정책결정권자, 정치지도자들은 국민들을 위한 정책을 만들어야 한다. 갈등 문제에 대해 탁상공론卓上空論하는 것이 아니라, 먼저 앞장서서 화합和合하는 모습을 보여줘야 한다. 국민들은 수동적이고 무기력한 존재가 아니다. 따라서 현재 상황을 정확하게 분석하고, 미래지향적 목표를 보여주어야 한다. 그리고 진정성 있는 믿음과 포용을 바탕으로 국정운영을 해야 한다. 그래야 국민들의 마음을 움직일 수 있고, 함께 발전해 나갈 수 있다.

── 쉬어가기   넬슨 만델라의 생애사

넬슨 만델라의 본명은 넬슨 롤리랄라 만델라 Nelson Rolihlahla Mandela로, 남아프리카공화국에서 자유총선거를 통해 뽑힌 남아프리카공화국 최초의 흑인 대통령이었다.

넬슨 만델라Nelson Mandela는 1918년 남아프리카공화국 음베조에서 추장의 자손으로 태어났다. 포트헤어대학교에서 흑인 친구가 백인에게 모욕당하는 것을 보고 넬슨 만델라는 아파르트헤이트의 문제를 인식하게 된다. 그는 학교를 그만두고, 변호사가 되었다. 그리고 아프리카 민족회의ANC의 지도자로서 아파르트헤이트 철폐운동에 앞장서서 투쟁했다. 1962년 반역죄로 종신형을 선고받았으나, 27년 만에 출소했다. 넬슨 만델라는 1993년 노벨 평화상을 수상했고, 1994년 실시된 자유총선거에서 남아프리카공화국 최초의 흑인 대통령으로 취임했다.

대통령 취임 후 자신을 괴롭히던 백인들을 박해하지 않고, 진실과 화해위원회TRC를 결성하여 용서와 화해를 강조했다. 그는 백인을 용서했지만 흑인을 잊지는 않았다. 아파르트헤이트 피해자 무덤에 비석을 세워줌으로써, 아파르트헤이트 시절의 국가폭력 피해자들이 잊히는 일이 없도록 했다.

넬슨 만델라의 믿음과 포용을 통해 보여준 리더십은 많은 이들에게 귀감이 되었다. 그의 저서 ≪자유를 향한 긴 여정≫은 뉴욕타임스가 뽑은 20세기 최고의 책으로 선정되었다. 그리고 2008년 런던에서 에이즈 퇴치 기금을 위한 콘서트가 열렸는데, 콘서트의 이름이 '46664 에이즈퇴치기금모금 자선콘서트'였다. 46664는 넬슨 만델라가 감옥에 수감되었을 때 당시의 죄수번호다. 죄수번호였지만, 이 번호는 평화와 자유의 번호가 되었다. 넬슨 만델라는 2013년 12월 5일에 타계했지만, 여전히 진정한 믿음과 포용을 보여준 세계평화의 기틀을 만든 리더로서 기억되고 있다.

공통분모찾기:

정책학의 통섭적 접근,
미래예측 및 4차 산업혁명과의 접점,
통합적 리더십과의 공통분모

POLICY

정책학 콘서트

공통분모찾기:

정책학의 통섭적 접근,
미래예측 및 4차 산업혁명과의 접점,
통합적 리더십과의 공통분모

무엇이 올바른 국가政府인가? 무엇이 우리 사회의 근본적 문제인가? 이를 해결하기 위해 정부政策는 무엇을 우선적으로 해야 하는가?

정책학은 인간의 존엄성 증진을 지고至高의 목적으로 하여 1951년 라스웰H. Lasswell에 의해서 세워진 독창적 학문체계이다.

정책학은 정책과학과 정책철학에 대한 합성어이다. 따라서 정책학은 우리 사회의 다양한 정책현상에 대한 과학적 탐구를 하는 반면, 문학, 역사, 철학 등을 중심으로 인류가 살아온 삶과 존재의 근거, 그 문화와 사유 그리고 문명사적 궤적에 대해 인문학적으로 다양하고 폭넓게 사고해야 한다. 이러한 이유에서 정책학의 통섭적 연구는 충분조건이 아닌 필요조건이다.

이러한 기조 하에 본서에서는 크게 정책학 거장들의 이론적 토대와 함께 정책학과 깊은 관련을 갖는 인접학문에 대해서도 살펴보고자 하였다. 본서에서 검토한 인접학문은 크게 세 가지 이론적 축 Pillars인데, 그것은 미래예측학, 4차 산업혁명, 통합적 리더십이다.

이 장에서는 정책학, 미래예측학, 4차 산업혁명, 통합적 리더십 거장巨匠들의 주요 논지를 종합적으로 정리하고자 한다. 이를 통해 우리가 사회현상을 바라보는 본질적 관점을 어디에 두어야 할지, 그리고 정책학자로서의 세계관世界觀은 어떻게 정립定立해야 할지를 창조적으로 모색해 보고자 한다.

정책학 패러다임

과학과 철학

정책학 거장들의 이론적 토대로서 정책학을 창시한 라스웰Lasswell, 정책결정의 최적모형과 초 합리성을 강조한 드로어Dror, 예측과 기획에서 정책학의 모형을 세운 얀취Jantch, 실천적 이성의 기초를 닦은 앤더슨Anderson 등을 중심으로 정책학 패러다임을 살펴보았다.

이어서 정책학 패러다임을 현실적으로 정책현상에 적용한 다양한 형태의 현대정책모형에 대해서 살펴보았는데, 정책결정모형을 제창한 앨리슨Allison, 정책확산모형을 제시한 베리와 베리 부부Berry & Berry, 정책분석모형의 윌리엄 던Dunn, 정책흐름모형의 킹던Kingdon, 정책옹호연합모형의 사바티어Sabatier, 사회적 구성모형의 잉그램과 슈나이더Ingram & Schneider, 거버넌스 모형의 피터스Peters, 뉴거버넌스 모형의 욘 피에르J. Pierre와 쿠이만Kooiman 등 정책학계의 거장들을 두루 살펴보았다.

이들의 주요 이론과 주장들을 한번 종합적으로 정리하면 다음과 같다.

정책학 패러다임의 기초: 라스웰, 드로어, 얀취, 앤더슨

라스웰H. Lasswell은 정책학의 창시자이다. 따라서 라스웰을 제외하고는 정책학을 논의할 수가 없다.

라스웰은 1951년 "Policy Orientation"이라는 논문에서 인간의 존엄성 실현을 위한 정책의 중요성을 역설하고, 이런 정책을 연구하는 학문을 '민주주의 정책학'이라고 불렀다. "정책학 역사는 2000년 넘어 그리스 로마 시대에도 존재했지만, 당시의 정책학은 제왕 1인 통치를 위한 정책학이었다면, 1951년 이후 민주주의 정책학은 인류 보편을 위한 정책학이 되어야 한다."고 주장했다.

정책학이 인류 보편의 인간 존엄성 실현이라는 목표를 현실화하기 위해서는 '정책과정Of The Process'과 '정책내용In The Process'의 완성도를 높여야 하고, 이러한 정책지향성Policy Orientation의 완성도를 제고하는 데 필요한 지식을 제공하는 것이 정책학의 목적이라고 했다. 그리고 이를 위해서는 문제지향성, 맥락지향성, 연합학문성 이라는 세 가지 접근방식을 기초로 정책학 패러다임이 구성되어야 한다고 주장했다.

라스웰의 제자, 드로어Y. Dror, 1970는 그의 기념비적인 논문, "Prolegomena to Policy Sciences"에서 정책학의 목적은 정책결정체제에 대한 이해를 증진시키고 이를 개선하는 것이라고 보았다. 또한, 정책연구의 초점은 1) 정책분석Policy Analysis, 2) 정책전략Policy Strategy, 3) 정책설계Policy Making System Redesign에 있다고 하면서, 정책의 미래지향적 전략연구의 중요성을 강조하였다. 또한, 정부는 관료들의 초 합리성 증진을 위해 직관의 활용, 가치판단, 창의적 사고, 브레인스토밍Brainstorming을 통한 초 합리적Super Rational 아이디어까지 고려한 교육훈련이 필요하다고 강조하였다.

라스웰의 또 다른 제자, 얀취E. Jantsch에게 있어서 미래라는 화두는 더욱 더 중요하게 다가간다. 얀취Jantsch, 1970는 그의 혁신적인 논문, "From Forecasting and Planning to Policy Sciences"에서 미래예측과 정책기획이 정책연구에 핵심적인 역할을 담당해야 한다고 주장하면서, 관리과학이나 체제분석이 아닌 정책분석은 국가의 미래를 조망하고 기획하고 설계하는 국가의 최상위 차원의 가치 창조적 행위라는 점을 분명히 하였다(E. Jantsch, 1970: 33-37).

앤더슨(Charles Anderson, 1993: 215-227)은 정책학이 추구해야 할 이성으로서 제3의 이성, 즉 실천적 이성을 제시했다. 그는 인간행위의 이성을 설명하는 3가지 틀, 즉 1) 공리주의적 경제모형Utilitarian Calculation, 2) 자유주의적 정치모형Liberal Rationalism, 3) 실천적 이성에 기초한 숙의모형Practical Reason and Deliberative Democracy을 제시했다. 제1의 이성으로서의 공리주의적 경제모형과 제2의 이성으로서의 자유주의적 정치모형만으로는 한계가 있다고 주장하면서, 실천적 이성에 기초한 숙의모형이야말로 민주주의 정책학을 실현하는 중요한 정책분석모형이 되어야 한다고 강조하였다(권기헌, 2007: 198). 이는 경제학적 효율성, 정치학적 민주성을 넘어서 제3의 이념이 필요하다는 통찰을 제시해 주고 있다.

앨리슨의 정책결정모형과 던의 정책분석모형

앨리슨G. Allison은 정책결정모형의 전기를 마련했다. 기존의 경제학자들이 주장했던 합리적 행위자 모형을 넘어 조직과정모형, 관료정치모형까지를 제시함으로써 개인, 조직, 정치를 통합한 정책결정모형을 제시한 것이다.

앨리슨은 개념적 틀 또는 안경을 바꾸어 끼면 세상이 분명히 달라 보인다는 점을 증명하려 했고, 세 가지의 정책결정모형을 제시하였다. 기존의 국가 행위자를 단일체로 보는 시각을 넘어 국가 행위자를 보다 세분화해서 정부조직의 결합체, 정치행위자의 전략적 연합에 의한 결정모형을 제시하게 된 것이다. 그것이 바로 유명한 앨리슨Ⅰ, Ⅱ, Ⅲ모형이다.

앨리슨 모형은 합리적 행위자 모형, 조직과정모형, 관료정치모형을 의미한다. 합리적 행위자 모형Model I은 정부를 잘 조정된 유기체로 간주하고, 조직과정모형Model II은 정부를 반독립적인 하위조직들이 느슨하게 연결되어 있는 집합체로 간주하며, 관료정치모형Model III은 서로 독립적인 정치적 참여자들의 개별적 집합체로 간주한다.

앨리슨의 고민을 통해 우리는 정책현상을 분석하는 데에는 하나의 렌즈가 아닌 여러 가지의 렌즈가 존재한다는 것을 배울 수 있었다. 합리적 행위자 모형은 한 국가가 처한 상황에 맞서 국가가 하나의 전략적 선택을 한다는 관점에서는 매력이 있지만, 이는 정부조직 간의 역학관계Organizational Process라든지 대통령 주변의 고위 정치행위자들 간의 고도의 정치적 게임Political Game을 고려하지 못하는 단점이 있다는 점을 명확히 했다는 점에서 앨리슨의 공헌은 크다고 하겠다.

윌리엄 던W. Dunn 역시 정책분석모형의 분기점을 마련했다. 그는 '미래'라는 시각을 정책분석에 도입하여 독창적 이론을 제시하는 한편, '소망성'과 '실현성'이라는 2가지 기준을 토대로 정책분석이 진행되어야 함을 밝혔다. 즉 효과성, 능률성, 대응성, 형평성, 적정성, 적합성으로 구성된 소망성과 정치적 실현가능성, 경제적 실현가능성, 사회적 실현가능성, 법적 실현가능성, 행정적 실현가능성, 기술적 실현가능성으로 구성된 실현가능성이 6:4의 비율로, 종합적으로 측정되어야 한다는 점을 제시했다.

정책분석에 '미래'라는 관점을 도입하여 시간의 축을 설정했다는 점도 매우 중요한 기여이다. 시간의 축을 설명할 때 미래연구에서 자주 인용되는 것이 'Futures Cone'이다.

Futures Cone이 설명하고자 하는 것은 현재와 미래의 시간적 거리에 따라 불확실성이 커진다는 것을 보여준다. 또한, 과거의 불확실성이 현재의 불확실성보다 크다는 점을 보여주고 있다.

윌리엄 던W. Dunn의 정책학적 기여 중의 하나는 이러한 시간의 축

그림 3 | Futures Cone의 개념도

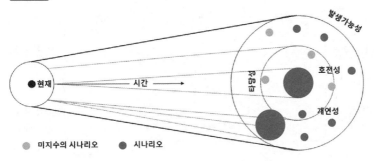

* 자료: 윤기영, 2017

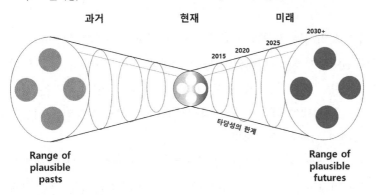

* 자료: Jarvis, 2012

을 정책분석에 도입하여 통합적인 틀을 제시했다는 점을 들 수 있다.

월리엄 던은, 과거, 현재, 미래의 유형을 잠재적Potential, 개연적Plausible, 그리고 규범적Normative인 것으로 나눈다. 잠재적 미래란 예측시점에서 일어날 수도 있다고 생각되는 미래의 가능한 상태를 의미한다. 많은 미래의 대안Alternative Future 중 미래의 상태로 일어날 수도 있고 일어나지 않을 수도 있는 미래의 가능한 상태를 의미한다. 실제로 일어나는 것은 수많은 미래의 대안 중 하나만이 일어나게 되는 것이다.

그림 4 | 미래의 세 가지 유형: 잠재적, 개연적, 규범적 미래

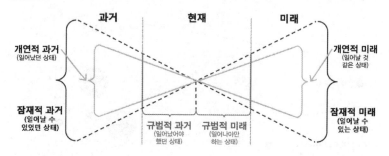

* 자료: William N. Dunn, 1994: 238.

개연적 미래는 자연과 사회가 지닌 본질적인 인과관계에 따라 실제로 일어나게 되는 미래의 가능한 상태를 의미한다. 즉, 향후 일어날 수 있는 가장 개연성이 높은 미래를 말한다. 규범적 미래는 정책의 요구와 기대에 따라 가장 바람직하고 가치 있게 생각되는 이상적인 미래의 상태를 의미한다.

위 그림에서 보는 것처럼, 정책분석은 과거지향적 문제 탐색뿐만 아니라 미래지향적 문제 탐색이 필요하며, 이러한 시간의 축은 정책문제를 중심부Core에서부터 문제 구조화Framing를 하는 데 있어서 중요하게 작용한다. 윌리엄 던이 제시한 이러한 문제 구조화 작업은 기대되는 정책결과와 선호되는 정책결과 사이의 간극에 영향을 미치며, 예측되고 제안된 정책은 점검을 통해 평가된다. 기대되는 정책, 선호되는 정책, 관찰된 정책은 종합적으로 정책분석에 영향을 미치게 되는 것이다. 이처럼, 윌리엄 던W. Dunn의 또 다른 정책학적 기여는 정책분석의 통합적 틀을 제시했다는 점을 들 수 있다.

그림 5 통합적 정책분석: 윌리엄 던

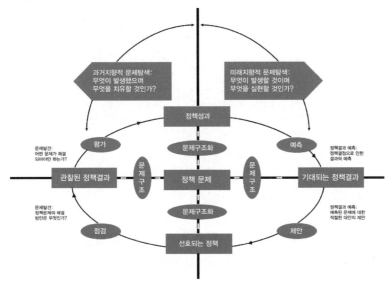

* 자료: William N. Dunn, 2008: 4-14에서 수정.

베리 & 베리의 정책혁신모형

정책의 핵심은 혁신과 확산에 있다. 베리와 베리Berry & Berry, 1999
는 정책혁신과 확산에 초점을 두고 연구한 부부학자이다. 그들은 그
동안 정책혁신연구가 행위자 개인의 동기부여와 지자체 내부의 정
치적, 경제적, 사회적 특성에만 치중되어 있다는 점을 발견하고, 타
지자체 혁신의 모방을 통한 확산효과는 결여되어 있음을 주장했다.
그들은 이런 주장의 연장선상에서, 정책혁신과 확산은 정책혁신의
모방효과로 인해 시간의 축에서 S-자 커브 모양을 그리며 진행됨
을 밝혔다.

그림 6　정책혁신의 확산

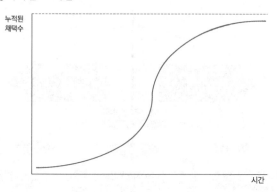

* 자료: Berry and Berry(1999: 174) 인용

아울러 지역적 확산모형과 국가적 상호작용 모형을 제시하는 한편, 국가적 차원에서 혁신의 일반모형을 제시했다.

혁신도입(ADOPT)$_{i,t}$

$= f\{$동기부여(MOTIVATION)$_{i,t}$, 자원과 장애요인

(RESOURCES/OBSTACLES)$_{i,t}$,

타 지자체의 정책(OTHER POLICIES)$_{i,t}$,

모방효과(EXTERNAL)$_{i,t}\}$

정책혁신의 일반모형은, 지자체가 가진 동기부여, 자원과 장애요인, 타 지자체의 정책, 모방효과 등을 종합하여 한 지자체가 특정시점에 갖게 되는 정책혁신과 확산효과를 측정한 것이다.

베리와 베리Berry & Berry 연구는 정책혁신과 확산모형에 큰 기여를 했다. 정책은 결정을 통해 새로운 혁신이 도입되며 혁신은 확산을 통해 공유되어야 한다. 특히 베리와 베리 모형은 지자체 혁신연구에 있어서 타 지자체의 정책혁신의 모방효과를 고려함으로써 정책혁신 연구에 분기점을 마련한 것으로 평가된다.

킹던과 사바티어의 현대정책모형

킹던Kingdon은 의제설정, 정책결정, 정책변동에 있어서 혁신적인 기여를 했다. 원래 그의 연구는 의제설정이론에 초점이 맞춰져 있었다. '어떤 의제는 정책의제는 설정되고, 어떤 의제는 실패하는가'라는 주제를 연구함에 있어서 그는 기존의 '쓰레기통Garbage Corn모형'을 수정하면서 새로운 '정책흐름Policy Stream모형'을 탄생시켰다.

한편, 그는 뒤에서 제시할 사바티어Sabatier도 그랬지만, 라스웰이 주장했던 단선적 정책모형에 반대했다. 즉 정책의제가 설정되고 정책이 결정되고, 집행되고, 평가되는 등 순차적 진행을 한다는 선형적 모형에 반대한 것이다. 오히려 정책 문제는 문제대로 흐르고, 정책대안은 대안대로 흐르고, 정치는 정치대로 독립적으로 흐르다가 극적 사건Dramatic Event과 정치 사건Political Event 등 초점 사건Focus Event이 터지면서 이 세 가지 흐름이 합쳐진다Coupling는 것이다. 이때 정책 '기회의 창Opportunity Window'이 열리게 된다.

그림 7 킹던Kingdon의 정책흐름모형

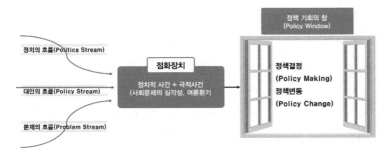

현대정책모형 중에서 가장 영향력 있는 모형 둘을 꼽으라면 킹던 Kingdon 모형과 사바티어Sabatier 모형을 꼽겠다. 그 이유는, 가만 생

각해보니, 킹던Kingdon 모형은 현대사회에 대형재난을 포함한 극적인 사건이 자주 발생하기 때문이고, 사바티어Sabatier 모형은 현대사회에는 이해관계에 있어서 진영논리가 자주 발생하기 때문이었다.

킹던Kingdon의 정책흐름모형Policy Stream Model부터 살펴보자. 우리 사회만 해도 세월호 참사, 경주 지진, 천안함 폭침, 연평도 해전 등 자고 일어나면 깜짝 놀랄 극적인 사건Dramatic Event들이 많이 발생하고 있다. 멀리가면 성수대교 붕괴, 삼풍아파트 붕괴, 대구 지하철 참사, 서해 페리호 참사 등 열거하기도 어렵다.

해외의 경우도 마찬가지다. 프랑스 니스해변에서 폭탄 테러가 발생하질 않나, 미국 9·11테러로 세계무역센터가 붕괴되질 않나, 일본 후쿠시마 원전이 폭발하질 않나, 깜짝 놀랄 사건이 한시도 지구촌을 가만두질 않는다.

이처럼, 정책 문제가 흐르고, 대안이 흐르고, 또 정치는 정치논리대로 독립적으로 흐르고 있다가 극적 사건 등이 터지면 새로운 정책 패러다임이 탄생하는 현상을 설명하는 것이 킹던Kingdon 모형이다.

사바티어Sabatier 모형 역시 광범위하게 적용되는 모형이다. 현대사회는 다양한 계층 간, 이념 간 갈등으로 인해 정책을 보는 견해가 대립하는 경우가 많은데, 이때 두 대립되는 진영 간의 정책변동을 잘 설명할 수 있는 모형이 사바티어Sabatier의 정책옹호연합모형 Advocacy Coalition Framework: ACF이다. 가령, 원전 찬성그룹과 반대그룹, 의약분업에서의 의사와 약사, 한양약분쟁에서 한의사와 양의사 간의 대립 등 현대 정책은 진영논리에 따라 이해관계가 갈린다.

정책결정과 변동 과정은 본질적으로 연합 간의 게임과 협상 과정이다. 따라서 정책은 아래 <그림 8-1>에서 보듯이, 정책하위체제에서 이해집단 간의 힘의 작용에 의해 결정되고 변동된다. 또한 이상의 설명을 전체모형으로 나타내면 <그림 8-2>와 같다.

그림 8-1
사바티어Sabatier의 정책옹호연합모형: 개념도

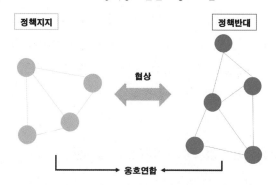

그림 8-2
사바티어Sabatier의 정책옹호연합모형: 전체모형

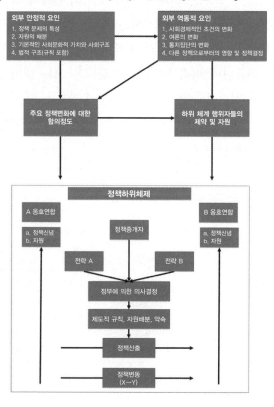

정책규제를 받아 비용을 지불하는 그룹과 정책수혜를 받는 그룹은 명암이 갈리는 것이다. 또한 보수와 진보간의 대립을 위시하여, 세대 간, 계층 간, 지역 간 갈등도 정책에 대한 견해가 갈리는데, 이러한 진영 간 대립을 통해 정책이 형성 혹은 변동되는 현상을 사바티어Sabatier 모형이 잘 설명해 주고 있다.

사회적 구성모형: 잉그램, 슈나이더, 딜레온

사회적 구성주의는 실제라는 것이 사회 속에서 사람들 간의 관계에 의해 형성된다고 믿는 것이며, 사람들 간의 관계와 그 속에서 만들어진 실제에 대한 의미를 해석하는 데 주안점을 둔다. 따라서 실제는 우리의 인식과 동떨어져서 존재한다기보다는 우리가 그것을 어떻게 인식하느냐에 따라 달라질 수 있다고 보는 것이다. 이러한 사회적 구성주의는 정책학에 접목시키면, 정책대상집단이 어떻게 형성되느냐에 따라 정책이 달라질 수 있음에 주목한 정책모형이다 (Schneider & Ingram, 1993).

그림 9) 사회적 구성Social Construction모형

사회적 형상Social Image

		긍정적	부정적
정치적 권력 Political Power	높음	수혜집단 Advantaged	주장집단 Contenders
	낮음	의존집단 Dependents	이탈집단 Deviants

* 자료: Ingram, Schneider & Deleon(2007: 102).

이러한 관점에서, 잉그램Ingram, 슈나이더Schneider, 딜레온Deleon (2007)이 제시한 사회적 구성모형은 정치권력Power과 사회형상Image을 중심으로 정책에 대한 관점, 옹호정도 등 정책수용Policy Acceptance의 차이가 있다는 점을 설명한 모형이다.

뉴거버넌스 모형: 피터스와 피에르, 쿠이만

거버넌스 이론은 20세기에서 21세기로 넘어 오면서, 세계화와 정보화가 급속하게 진행되는 과정에 등장하게 된 새로운 사회과학 분야의 이론이다. '더 작은 정부, 더 많은 거버넌스'Cleveland, 1972, '정부 없는 거버넌스'Reters, 1998, 'Government에서 Governance로'의 구호는 정부와 거버넌스의 관계를 보여 주는 것이다.

거버넌스 개념의 등장 이면에는 기존의 국민국가 중심의 통치제제의 약화라는 배경이 깔려있다. 국가중심의 통치 능력은 약화되고, 통치 요구는 높아지는 상황에서, 새로운 개념으로서 나타난 것이 거버넌스이다(Kooiman, 1993).

함의 및 시사점: 정책학과 뉴거버넌스

다원화·복잡화 되어가는 현대사회의 정책과정에서 이해집단의 목소리는 점점 커져가고 있다. 거버넌스 이론의 성립 이전, 정책실패의 원인은 정부 내부의 문제로 인식 되었고 Top-down방식의 정책결정이 주류를 이루었다. 그러나 거버넌스 이론의 등장은 정책과정이 국가정부의 범위를 넘어서 사회 전 범위에 광범위하게 퍼질 수 있는 기초를 마련하였는바, 국가중심, 시장중심 거버넌스를 넘어 시민사회 거버넌스의 개념을 포함한 뉴거버넌스는 매우 중요한 의미를 지니고 있는 것이다.

정책학 패러다임의 확장(Ⅰ)
정책학과 미래예측

학문이란 원래 사회 문제의 해결을 위해 다양한 형태의 분석적 축조물을 세우고, 이러한 모형을 통해 사회 문제를 설명하고자 한다. 학자들은 다양한 정책모형과 학문적 렌즈를 통해 사회 문제를 해결하려고 하는 것이다. 각자 시대는 다르고 해결하고자 하는 문제의 성격은 다르지만, 학문적 렌즈를 통해 사회현상을 설명하고 예측하려고 한다는 점에서는 동일하다.

현대사회는 변화와 속도, 불확실성과 모호성으로 특징지을 수 있다. 이러한 현대사회의 근본적 정책 문제들은 다분히 '사악한 문제Wicked Problem'의 성격을 띠며 다부처가 연결된 '거대한 문제Mega Problem'의 특성을 지닌다. 특히 우리나라의 현실은 이념 간, 계층 간, 세대 간, 지역 간 등 매우 갈등구조가 첨예화된 사회 양상을 보여주고 있기에 더욱 문제는 복잡하게 꼬여있다.

이러한 복합적 문제를 해결하기 위해서 정책학은 학문 통섭적 접근을 필요로 하는데, 본서에서는 미래예측, 4차 산업혁명, 긍정심리라는 세 개의 이론 축Pillars을 빌려와서 설명하고자 한다. 미래예측과 4차 산업혁명이라는 새로운 물결을 제창한 대가들의 목소리를 들어보는 한편, 초 갈등사회로 불리는 현대사회의 갈등과 불안 심리를 잠재우고 긍정심리자산Positive Psychology Capital을 향상시킬 수 있는 이론적 토대를 빌려오고자 했다.

미래예측에서는, 미래학을 창시한 하와이대학의 짐 데이토J. Dator, UNESCO에서 미래학 의장으로 맹활약중인 짐 데이토 교수의 제자 소하일 이나야툴라S. Inayatullah, 구글의 이사이면서 ≪특이점이 다가

온다≫의 저자로 유명한 레이 커즈와일R. Kurzweil 등의 지혜를 빌려오고, 4차 산업혁명에서는 새로운 담론을 세계적으로 확산시킨 다보스 포럼의 클라우스 슈밥K. Schwab 회장, ≪노동의 종말≫, ≪한계비용 제로사회≫로 잘 알려진 제레미 리프킨J. Rifkin, 4차 산업혁명과 궤를 같이하는 ≪제2의 기계시대≫를 저술한 MIT대학의 에릭 브린욜프슨E. Brynjolfsson 등의 목소리를 들어보고자 했다.

정책학과 미래예측

정책학과 미래예측은 매우 밀접한 관계에 있다. 그동안 미래예측이 정책연구라는 관점에서 집중적으로 조명을 받지는 못했는데, 앞으로는 미래예측과 정책연구의 유기적 관계에 대해 집중적으로 탐구할 필요가 있다.

우선, 미래예측과 정책연구는 미래라는 시간의 축과 정책이라는 공간의 축은 상호 보완적인 관계에 있기 때문에 매우 깊은 어원적 연관성을 지니고 있다. 뿐만 아니라, 정책학의 핵심은 미래에 대한 상상력을 기초로 미래가치를 실현시키는 데 있다. 정책은 미래가 있기에 정책의 미래지향적 탐색이 가능하게 되고, 국가의 미래지향적 가치를 그리면서 최적대안을 형성하고 집행해 나가는 학문이 정책학이다.

미래연구는 시간과 가장 밀접하게 연계된 학문이다. 시간은 하나의 존재영역이며 장소, 맥락, 관찰자와 연결되는 있는 연속체이며, 시간은 인간의 시간에 대한 지각에 따라 표현될 때 보편적으로 사용된다. 정책영역 또한 시간과 많은 상관관계가 있다. 정책은 정태적이지 않다. 시간의 경과에 따라 정책을 둘러싼 환경이 변화하고, 정책의 내용 자체가 변모하기도 하며, 정책과 다른 정책들 간의 관계도 변화하기 마련이다. 그렇기에 보다 나은 미래를 형성해 나아가기 위해서는 정책연구와 미래예측의 상호 밀접한 관계를 유념하지 않으면 안 되는 것이다.

라스웰, 드로어, 얀취 등으로 이어지는 정책학의 창시자들에게 있어서도, 이미 미래와 정책은 불가분의 관계였으며, 그들은 특히 정책학 연구방법론으로서 미래예측을 강조했다.

미래예측의 창시자: 짐 데이토

미래예측은 하와이대학의 짐 데이토J. Dator 교수가 미래학을 창시하면서 더욱 전성기를 맞게 된다. 정책학의 아버지가 라스웰이라면, 짐 데이토는 미래학의 아버지라고 할 수 있다. 그는 1967년 앨빈 토플러A. Toffler와 함께 미래협회를 설립하였고, 같은 해 최초의 미래학 강의를 했다. 짐 데이토는 1970년대부터 e메일을 사용했고, 로봇의 '권리장전'을 만들기도 하면서 누구보다 빠르게 미래를 예측했지만, '미래를 갖고 장사하지 않는다.'라는 신념하에 40년 넘게 미래학 연구를 학술적으로 진행해 온 것으로도 정평이 나있다. 또한 미래예측은 "미래를 예언Predict하려는 것이 아니라, 다양한 미래를 전망Prospect하려는 것이다."라고 하면서, 미래학은 "지적 유산의 산물이라기보다 앞으로 있을 지적 관점의 선구자가 되어야 한다."고 주장했다.

미래예측과 '특이점'의 주창자, 죽음의 변곡점: 레이 커즈와일

구글은 외계인을 납치해서 기술을 빼오고 있는 게 아니냐는 의견이 나올 정도로 매번 놀라운 신기술을 보여주는 회사인데, 그 중심에는 구글의 미래학자 레이 커즈와일Ray Kurzwell이 있다. 즉, 첨단기술의 선봉에 서 있는 구글의 엔지니어링 이사인 그는 과학자들 사이에서 "21세기 에디슨"이라 불릴 정도로 똑똑한 발명가이다.

뉴욕타임즈 베스트셀러에 선정된 ≪특이점이 온다The Singularity Is Near≫에서, 그는 기술은 기하급수적인 발전을 한다는 '수확 가속의 법칙The Law of Accelerating Returns'을 주장했다. 수확 가속의 법칙의 구체적 내용은, 1) 기술의 발전은 선형적이지 않고 기하급수적이다, 2) 기하급수적 증가가 최초의 예측을 뛰어넘는 속성을 가진다는 것인데 그는 매 10년마다 기술 발전의 비율은 배가倍加된다고 주장했다.

그가 예측한 내용은 놀랄 만큼 거의 다 현실화되었는데, 대표적인 것으로는 "2000년, 거의 모든 사람이 인터넷을 사용하고, 2009년, 스마트폰이 대중화 된다."는 것을 들 수 있다. 더 나아가, 그는 "2020년 증강현실(홀로그램)이 대중화되고, 2030년 가상현실(매트릭스)이 대중화 된다."고 예측하면서, "2040년에는 나노머신 보편화로 인간의 신체를 바꿀 수 있는 세상이 오며," "2045년 사람은 죽지 않는다."고 예측했다. 이때가 되면 "나이가 많은 사람을 젊게 하거나, 기억을 초기화할 수 있으며, 불의의 사고로 죽어도, 업로드한 기억을 로드해 '소생'시킬 수 있다."고 주장하였다.

레이 커즈와일은 '특이점Singularity'을 다음과 같이 정의하고 있다. "인간의 사고 능력을 예상하기 힘들 정도로 획기적으로 발달된 것이 구현되어 인간을 초월하는 순간"이라는 것이다. 기술의 발전은 보통 눈에 띄지 않게 증가하다가 어느 시점에 이르면(곡선의 변곡점에 이르면) 폭발적으로 증가하여 완전히 다른 형태의 변화를 가져온다. 이러한 구조에서는 과거의 형태라는 것이 큰 의미를 가지지 못하게 되며, 변화를 인식할 때쯤에는 이미 새로운 변화가 시작되고, 기술의 진보를 쫓아가지 못해 도태하게 된다.

그는 이런 방식으로, 2045년이 되면 인공지능AI이 모든 인간의 지능을 합친 것보다 강력해질 것으로 예측했다. 즉, 2045년이 되면 나노공학, 로봇공학, 생명공학의 발전 덕분에 인간의 수명을 무한히 연장시킬 수 있게 되고, 인간을 능가하는 지능을 가진 인공지능이 등장하게 될 것이라는 것이다.

레이 커즈와일은, 죽음과 영생에 관해서도 독특한 관점을 갖고 있는데, 죽지 않기 위해 매일 100알 정도의 알약을 섭취하고 있다고 한다. 그것은 자신의 신체에 딱 맞게 제작되고 있으며, 연 수억원의 비용이 든다고 한다. 영생을 위한 식단을 짜서 먹기도 하는데, 그래서 그런지 69세인 그가 40대의 신체로 측정된다고 한다. 또, 그는 인체냉동보존술CRYONIC회사인 알코어 생명연장재단Alcor Life Extention Foundation에 가입했다. "내가 죽으면 유리로 된 액체 질소 안에 관류된 상태로 보존될 것이다. 미래의 의료기술은 자신의 장기 조직을 부활시킬 수 있을 것"이라는 기대를 갖고 있다고 한다.

또한, 다음과 같은 생명관을 피력한다. "역사적으로 볼 때 사람이 짧은 생물학적 인생을 넘어 살아남는 방법은 미래 세대에게 자신의 가치, 믿음, 지식을 전수하는 것이었다. 그러나 이제 우리 존재의 근간을 이루는 패턴들을 보전하는 새로운 방법들이 등장하면서 패러다임이 전환될 때가 되었다. 생명공학과 나노기술 혁명이 전면적으로 펼쳐지면 사실상 모든 의학적 사망원인을 극복할 수 있다. '자신을 백업' 할 수도 있고(지식, 기술, 인성의 주요한 패턴들), 그러면 우리가 아는 한 모든 사망원인이 전부 의미 없어질 것이다."(레이 커즈와일, 2005: 445).

정책학 패러다임의 확장(II)
정책학과 4차 산업혁명

한계비용 제로사회: 제레미 리프킨

제레미 리프킨Jeremy Rikfin은 미국의 세계적인 경제학자이자 문명 비평가로 잘 알려져 있으며 '행동하는 미래학자'라 불린다. 그의 저서 ≪노동의 종말≫(2005)에서는 4차 산업혁명으로 인한 인류의 노동으로부터의 소외, 노동으로부터의 추방이라는 암울한 미래의 가능성을 말하고 있다. 이 문제를 해결하기 위해 리프킨은 노동시간 단축과 기계가 침투하거나 대체할 수 없는 제3부문의 직업 창출을 대안으로 제시하고 있는데, 한편으로는 노동의 종말이 새로운 사회 변혁과 인간 정신의 재탄생의 신호일 수 있다고 주장했다.

또 다른 저서, ≪3차 산업혁명≫(2012)에서는 에너지원과 의사소통방식의 변화를 기준으로 21세기는 3차 산업혁명으로 분류했지만, 이는 사실상 오늘날의 4차 산업혁명을 의미하는 것이다. 즉, 정보기술(IT)과 신재생에너지를 이용해 만들어진 자동화된 생산체계가 이루어진 시대를 뜻하고, 특히 신재생 에너지가 공짜가 되는 시대, 물질상품이 사라지고 디지털 상품이 서비스하는 시대로 전환될 것이라고 주장했다.

또한, ≪한계비용 제로사회≫(2014)에서는, 4차 산업혁명 시대엔 초 강력한 기술혁명이 발생함으로써 한계비용이 사실상 제로에 가까워질 것이라고 주장하면서, 새로운 경제 시스템인 '협력적 공유사회Collaborative Commons'와 '한계비용 제로사회'로의 전환이 필요하다고 주장했다. 그는 이러한 수평적·분산적 공유경제 하에서는, 협업과 함께 공유경제에 부합하는 '공정한 제도'를 설계해야 하며, 이 모든 게임의 법칙은 인간의 존엄성 증진에 초점을 두어야 한다고 주장했다.

4차 산업혁명의 창시자: 클라우스 슈밥

4차 산업혁명의 발단은 2016년 1월 20일 개최된 다보스 포럼에서 시작되었다. 다포스 포럼의 클라우스 슈밥K. Schwab 회장은 이 포럼에서 '4차 산업혁명의 이해Mastering The Fourth Industrial Revolution'를 주제로, 글로벌 경제 위기 극복의 대안으로서 4차 산업혁명의 의의와 필요성, 나아가야할 방향성에 대해 논의하였다.

4차 산업혁명의 주된 특징은 초 연결성Super Connectivity, 초 지능성Super Intelligence, 초 예측성Super Foresight으로 요약할 수 있다. 클라우스 슈밥K. Schwab 다보스 포럼 회장은 '제4차 산업혁명: 그 의미와 대응방안The fourth industrial revolution: what it means, how to respond'이라는 다보스 포럼 기조연설에서 4차 산업혁명은 3차 산업혁명의 연장선상에 있지만, 기술 발전의 속도Velocity와 범위Scope, 그리고 전 시스템적 충격System Impact이라는 3가지 측면에서 과거의 산업혁명과는 비교할 수 없는 문화적 혁명이라고 말한다. 하나의 쓰나미Tsunami처럼, 혹은 히말라야의 눈폭풍Avalanche처럼 기하급수적인 속도로 변화를 초래하고 있으며, 그 범위Scope 역시 수많은 분야에서의 근본적인 변화가 동시 다발적으로 발생하고 있는 것이다.

바람은 느낄 수 있지만, 손에 잡히지는 않는다. 4차 산업혁명도 바람과 같다. 실체를 보거나 만질 수는 없지만, 느낄 수 있다. 우리는 이미 4차 산업혁명의 중심에 있고, 이 바람에 편승하는 나라만이 미래를 선도할 수 있다.

4차 산업혁명과 정부모형

따라서 우리는 우리만의 해결책을 찾아야 한다. 4차 산업혁명에서 제시되는 신기술의 융합과 도전을 통해 4차 산업혁명에 대응해야 하며, 신속하고 기민한 문제 해결 능력이 필요하다. 민첩한 정부Agile Government가 요구되며, 이를 통해 불필요한 규제를 없애고, 지속적으로 새로운 메커니즘을 찾아가는 등 종합적으로 정책 추진체계의 방향성Direction, 기민성Agility, 탄력성Resilience이 모색되어야 한다(권기헌, 2017).

정부는 단순히 최첨단 기술에만 우선순위를 두어서는 안 된다. 최종 목표를 국민의 삶의 질 향상, 인간다운 삶의 고양 등 사람 중심으로 두어야 한다. 기술의 발전은 기민한 사회 문제 해결과 인간을 위한 기술로 거듭나는 하나의 과정으로 봐야하며, 궁극적으로 인간의 존엄성을 지향하는 과학행정으로 발전해가야 한다.

특히 우리나라는 한국형 4차 산업혁명에 대한 필요성과 중요성에 대한 인식이 공유되어야 한다. 4차 산업혁명이 가져올 사회변화와 그로 인해 발생하는 문제점을 극복하기 위한 정책적 노력이 필요하며, 다양한 해외사례들을 벤치마킹하여 한국의 현실에 가장 적합한 한국형 4차 산업혁명 모델을 정립하고 발전시켜 나가야 한다.

더불어 무슨What 영향을 주는지에만 초점을 맞추는 데서 벗어나, 어떻게How 영향을 미치는지에 대한 물음에도 답을 주도록 해야 한다. 일자리의 부족, 첨단기술의 일자리 대체로 인해 사회적 불평등 가속화, 이로 인한 휴머니즘의 약화 등의 부정적 인식을 극복하고, 어떻게 신성장동력을 창출하고 적용할지에 대해 고민이 필요하다. 오늘날의 문제는 기술을 발전시키는 것으로 해결할 수 있는 문제가 아니다. 사회적 합의와 의식의 변화가 기술의 발전 못지않게 중요한 숙제인 것이다.

정책학과 통합의 리더십

통합과 포용의 리더십: 사람은 왜 싸울까?

사람은 왜 싸울까?

힘(의지)의 충돌 때문이다. 힘(의지)을 통해 상대를 이기기 위해 한 치도 물러서지 않고, 팽팽한 상황을 만든다. 이러한 상황을 통해 사회갈등이 생기고, 사회갈등 이슈들로 가득찬 사회가 초 갈등사회이다. 이러한 초 갈등사회를 겪고 있는 나라는 어디일까? 멀리서 찾아볼 필요가 없다. 바로 우리나라의 상황이 그러하다. 정파 간, 계층 간, 노사 간, 세대 간, 지역 간, 남북 간 안보갈등 등 열거하기도 어렵다.

기존에는 이러한 문제를 해결하기 위해 힘에 의존한 강압적인 해결방식을 지향하였다.

예를 들어 유치원에서도 아이들끼리 다툼이 일어나 싸우고 있으면 선생님이 나서서 싸움을 중재하고 해결한다. 이와 비슷하게 기업 간의 다툼이 일어나면 정부기관이 중재를 하고, 국가 간의 다툼이 일어나면 국제기구나 전쟁을 통해 해결했다.

지금도 유사한 측면은 있지만 이러한 특성이 두드러진 시대를 선천시대라고 한다. 이러한 시대에서 니체는, "살아있는 모든 것들은 힘을 추구하며 자신을 강화하고 고양시키려 하기 때문에 세계에서의 투쟁이 불가피하다."고 보았다. 그는 "모든 세계에서 살아 있는 것들은 자신의 감각적 욕망을 충족시키기 위해서가 아니라 자신의 힘을 확인하고 증대시키기 위해 싸운다. 이 세상은 모든 것들이 서로 힘을 겨루는 세계이고, 이러한 현실을 냉정하게 인정하는 것이 중요하다."고 말한다.12)

하지만 이런 방식은 사회적 자본을 망가뜨리고, 심각한 후유증을 낳는다.

좀 더 지속가능하고 평화로운 해결방안은 없을까?

아담 카헤인은 시나리오 씽킹 플래닝을 제시한다. 실제로 아담 카헤인은 1991년 남아공의 흑백갈등을 시나리오 씽킹 플래닝으로 해결했다. 그는 남아공 미래의 지도자들과 함께 몽플레 컨퍼런스를 열었고, 이를 통해 남아공의 화해와 상생적인 방안을 도출하는데 성공했다. 그는 그러한 경험을 토대로, ≪통합의 리더십Solving Tough Problems≫과 ≪포용의 리더십Power and Love≫을 출간했다. 우리는 이 두 책을 읽고 나면 통합과 포용이 왜 중요한지, 그리고 이를 위해서 왜 우리는 성찰이 꼭 필요한지를 알 수 있다.

따라서, 여기서 우리는 아담 카헤인의 성공사례를 짚어봄으로써 우리나라 정치 · 경제현상을 풀어나가는 지혜를 얻어볼까 한다. 우리나라도 장차 국회 미래연구원이 발족된다면 꼭 실행해야 할 국가적 과업이라고 하겠다.

복잡한 문제는 왜 발생할까?

아담 카헤인Adam Kahane은 복잡한 문제의 발생 원인으로 1) 역학적 복합성, 2) 발생학적 복합성, 3) 사회적 복합성을 들고 있다.

첫째, 역학적 복합성은 원인과 결과의 거리가 시간적으로나 공간적으로 멀리 떨어져 있어서 어떤 원인으로 그런 결과가 나왔는지 인과관계를 즉시 파악하기 어려운 경우를 말한다. 러셀 액코프Russell Ackoff는 이러한 문제를 '혼란 덩어리'라고 불렀다.

둘째, 발생학적 복합성은 문제가 우리에 익숙하지 않고 예측할 수 없는 방식으로 전개되어 가는 경우를 말한다.

셋째, 사회학적 복합성은 어려운 문제 앞에서 사람들의 의견은 극단적으로 갈라지며 개인은 자신의 의견을 완강히 고집하는 경우를 말한다.

현대 정책과정은 다양한 이해관계자들이 서로 다른 견해와 이해관계를 가지고 참여하는 등 복잡성, 다양성, 불확실성을 특징으로 한다. 따라서 바로 이러한 사회학적 복합성으로 인해 서로 양보(해결)하기 어려운 복잡한 문제가 발생하게 되는 것이다.

여기에 인과관계가 불분명한 역학적 복합성이나 예측하기 어려운 형태의 발생학적 복합성이 추가된다면 문제의 해결은 더욱 복잡해지고 사회는 점점 더 파국으로 치닫게 되는 것이다.

[그림 10] 복잡한 문제는 어떻게 풀어야 할까: 발생원인

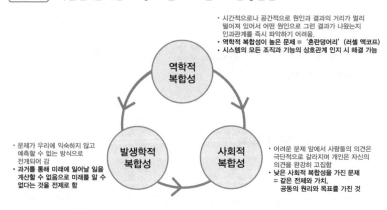

복잡한 문제는 어떻게 해결할 수 있을까?

한국사회는 우울증을 앓고 있는 초 갈등사회이다. 이념 간, 계층 간, 세대 간, 지역 간 갈등과 투쟁이 심각한 상태이다.

한국의 국정질서를 연구하는 정책학은 앞으로 어떤 연구를 통해 한국사회의 긍정성과 창의, 긍정심리를 확산하는 데 기여할 것인가?

아담 카헤인은 힘(의지)에 대칭되는 변인으로 사랑(공감)을 꼽았다. 힘과 의지는 충돌할 수밖에 없다. 차이와의 공존을 하지 않는 것이다. 힘과 의지들이 충돌할 때 누군가는 중립적인 조정자가 있어서 통합과 포용의 리더십을 발휘해 주어야 한다.

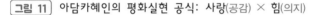

그림 11 아담카헤인의 평화실현 공식: 사랑(공감) × 힘(의지)

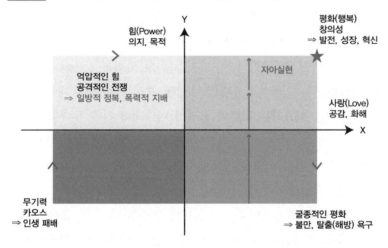

그림에서 보듯이, 힘이 없는 사랑은 현실에서 무기력하며 굴종적인 평화에 지나지 않는다. 반대로 사랑이 없는 힘은 폭력일 뿐이며 일방적인 정복은 지속가능하지 않다. 오로지 힘(의지)이 뒷받침된 사랑, 혹은 사랑이 뒷받침된 힘(의지)만이 자아실현과 창의성을 가져오며, 국제관계에 있어서도 평화로 이어진다.

자보르스키는 그의 저서, ≪동시성: 리더십 내면의 길Synchronicity: The Inner Path of Leadership≫에서 다음과 같이 말한다.

"만약 개인과 조직이 물러나서 상황을 관망하거나, 혹은 한 치도 양보하지 않는다면 평화란 없을 것이다. 그 대신 창의성을 가지고 시나리오 플래닝Scenario Planning을 통해 움직인다면, 우리는 앞으로 일어날 미래를 창조할 수 있을 것이다."

시나리오 플래닝: 통합적 리더십의 도구적 조건

시나리오 플래닝은 결과보다는 과정을 중요시한다. 그 과정에서 복합적 이해관계자들 간의 창의와 성찰을 중요시한다. 남아프리카공화국의 성공사례에서도 확인해볼 수 있다.

당시, 남아프리카공화국은 3가지 차원의 사회적 갈등에 직면했었다. 1980년대, 인종분리정책으로 인해 흑인과 백인이 대립했으며, 소수 백인을 대표하는 정부와 급진적 반대세력 간에 무력충돌이 빈번히 발생했다. 1990년, 클리크 대통령은 만델라 석방 및 반대세력 합법화 등 정치적 노력을 시도했지만, 그럼에도 불구하고 무정부상태가 계속되었다.

이때, 남아프리카공화국의 흑인대학 교수인 르 루를 중심으로 새로운 시나리오 플래닝을 준비했다. 그것은 남아프리카공화국의 성공적인 전환을 이끌기 위한 전략이 필요했기 때문이다. 르 루는 더 나은 미래를 만들기 위해 구성원들의 협동을 유도하는 현실 참여적인 시나리오를 만들고 싶어 했으며, 이를 위한 시나리오 플래닝을 위해 다국적 석유회사인 쉘Shell의 아담 카헤인에게 자문을 받기로 했다.

그리하여 아담 카헤인은 남아프리카공화국으로 날아가 중립조정자Facilitator의 역할을 하면서 몽플레 컨퍼런스를 기획하고 성공시키게 된다.

몽플레Mont Flare는 전원적인 풍경을 가진 아름다운 포도농장이다. 이곳에 위치한 컨퍼런스 회의장에서 상이한 인종과 배경을 지닌 22인의 참여자들은 성공적인 결과물을 도출했다. 몽플레 컨퍼런스에 참여했던 구성원들은 현재 남아프리카공화국의 권력집단이거나 앞으로의 권력집단이었다.

표 1 몽플레 컨퍼런스에 참여한 핵심관계자

우파성향	• 백인사업가 • 백인학자
좌파성향 반정부집단	• 아프리카 민족회의(ANC)지도자 • 급진적인 범아프리카회의(PAC)지도자 • 광부노조(The National Union of Mineworkers) • 아프리카공산당(The South African Party)
흑인지도자	• 넬슨 만델라 • 타보음베키(넬슨 만델라 이후 대통령) • 성공회 대주교 데스몬드 투투 • 범아프리카 부대표 디캉 모세네케
정치인	• 백인 민주당 대표 • 우파 보수당 대표 • 집권당 국민당 대표

아담 카헤인이 적용시킨 시나리오 플래닝 원칙은 단순했다.

첫째, 참여자들을 가능한 작은 소그룹으로 분리하여 처음부터 충돌을 최소화한다.

둘째, 대화 중 자신의 세계관과 정치적 성향에 관한 표현이나, '그런 일은 절대 일어날 수 없어' 등의 부정적 비난이나 언어는 사용을 금지시킨다. 다만, '왜 그런 일이 일어나는지', '그 이후에 무슨 일이 발생하게 되는지'와 같은 미래지향적 질문만 가능하다.

셋째, 현재가 아닌 10년 후 남아프리카공화국의 미래에 관한 가능한 시나리오를 도출한다. 단순히 자신이 원하는 것과 상관없이 실제 실현 가능한 시나리오이어야만 한다.

넷째, 미래에 대한 브레인스토밍이 끝난 후 모든 그룹 앞에서 결과를 발표한다.

표 2 몽플레 컨퍼런스의 시나리오 플래닝 전개과정

1차 워크숍 (1991. 9.)	• 워크숍 참가자들의 브레인스토밍을 통한 30개의 시나리오 도출 • 30개의 시나리오를 토대로 9개 시나리오 도출 • 참가자를 4개의 팀으로 재구성 • 각 팀장은 정리된 내용을 전체회의에서 발표 • 몽플레, 아름다운 전원의 포도농장, 현대식 컨퍼런스, 평화로운 분위기(저녁, 와인)
2차 워크숍 (1991. 12.)	• 보다 풍성해지고 심화된 9개의 시나리오 내용 • 9개의 시나리오 중 지금의 남아프리카공화국의 상황에 적절한 4가지 시나리오 채택 • 워크숍이 끝난 후, 참가자들은 자신의 네트워크로 돌아가 4가지 시나리오를 시험해 봄

3차 워크숍 (1992. 3.)	4가지 시나리오를 재검토, 최종 형태의 시나리오 도출

4차 워크숍
(1992. 8.)
	• 도출된 최종 시나리오의 공표방법 결정
	• 중요한 럭비시합 관람을 위해 4시간동안 휴식시간을 가짐
	• 4시간의 휴식시간동안 참가자들은 주요 고위층을 포함한
	  더 많은 사람들 앞에서 시나리오를 발표하고 시나리오의
	  타당성을 시험함
	• 백인 자유민주당 대표와 우파 보수당 대표, 당시 집권당
	  이었던 국민당의 대표도 워크숍에 참여

이런 방식으로 시나리오 플래닝은 위의 표에서 보듯이 1년간 지속되었다.

몽플레 컨퍼런스가 기존의 컨퍼런스와 다른 이유는 다음과 같다.

첫째, 매우 아름다운 컨퍼런스 환경에서 휴식시간에 배구와 당구 등을 통해 화합을 도모하고 저녁에는 와인을 자유롭게 마시면서 대화를 나누는 등 평화로운 회의환경도 성공에 한몫을 했다.

둘째, 워크숍이 끝난 후 참가자들은 자신의 네트워크로 돌아가 각자의 시나리오를 시험해 보는 등 실용적인 접근법을 병행했다.

셋째, 단기간에 끝난 게 아니라 충분한 시간적 여유를 가지고 진행했다.

이러한 방식으로 그들이 최종적으로 합의를 본 시나리오는 다음 4가지로 귀결되었다.

그림 12 몽플레 컨퍼런스의 최종 시나리오

타조(Ostrich)	레임덕(Lame Duck)
소수집단인 백인정부가 타조처럼 자신의 머리를 모래 속에 처박고 다수의 흑인들이 요구하는 협상안에 응하지 않는 것	• 약체정부가 들어설 경우를 가정 • 약체정부는 모든 세력의 눈치를 보지만 그 어떤 세력도 만족시키지 못하기 때문에 개혁이 이루어지지 않고 지연됨
이카루스(Icarus)	플라밍고들의 비행 (Flight of the Flamingoes)
• 자유로운 흑인정부가 대중적 지지를 얻어 권력을 잡음 • 이상적이고 고귀하고 거대한 포부를 품고 거대하고 경비가 많이 드는 국가사업을 추진 • 무리한 사업추진으로 재정적 문제에 부딪침	• 남아프리카공화국의 성공적인 전환 시나리오 • 남아프리카공화국의 모든 대표 세력들이 연합하여 서로를 배타하지 않고 천천히 새로운 사회를 건설

첫째, 타조Ostrich 시나리오이다. 이는 소수집단인 백인정부가 타조처럼 자신의 머리를 모래 속에 처박고 다수의 흑인들이 요구하는 협상안에 응하지 않는 것이다.

둘째, 레임덕Lame Duck 시나리오이다. 이는 약체정부가 들어설 경우를 가정한 것으로, 약체정부는 모든 세력의 눈치만 보고, 그 어떤 세력도 만족시키지 못하기 때문에 개혁이 이루어지지 않고 지연되는 것을 의미한다.

셋째, 이카루스Icarus 시나리오이다. 이는 자유로운 흑인정부가 대중적 지지를 얻어 권력을 잡는 것을 가정한 것으로, 이상적이고 고귀하고 거대한 포부를 품고 경비가 많이 드는 국가사업을 추진하여 재정적 문제에 부딪치는 것이 예상되는 시나리오이다.

넷째, 플라밍고들의 비행Flight of the Flamingoes 시나리오이다. 이는 남아프리카공화국의 성공적인 전환을 가정한 것으로, 남아프리카공화국의 모든 대표 세력들이 연합하여 서로를 배타하지 않고 천천히 새로운 사회를 건설한다는 시나리오이다.

몽플레 기획의 성공요인

몽플레 컨퍼런스를 초기에 진행시켰던 자보르스키는 성공요인을 다음과 같이 말했다.

"우리가 어떻게 행동하느냐에 따라 미래의 모습이 결정된다." 즉, 만약 개인과 조직이 물러나서 상황을 관망하는 대신, 혹은 한 치도 양보하지 않는 대신 창의성을 가지고 시나리오 플래닝Scenario Planning 을 통해 움직인다면, 앞으로 일어날 미래를 성공적으로 창조할 수 있다는 것이다.

몽플레 기획의 구체적인 성공요인은 다음과 같다.

첫째, 대화와 담론의 장을 마련했다는 점이다. 즉, 전 세계가 풀 수 없다고 단정한 어려운 문제의 본질 속으로 직접 들어가 왜 이런 문제가 생겼고, 어떻게 풀어갈 것인지에 대해 서로 다른 사회 배경을 가진, 소수의 지도자 및 행동가들이 깊이 있게 토론했다.

단, 여기서의 논의는 자신의 선호나 신념이 아닌 실현가능성에 기반을 둔 논의였다는 것이 핵심이다. '모두가 잘 살 수 있는 미래를 만들기 위해 무엇을 해야 하는가'에 대한 해답을 위하여 지금까지 무슨 일이 일어났으며, 앞으로 어떤 일이 일어날지를 예측하는 것은 물론이고, 현재의 일이 영향을 미쳐 더 나은 미래를 도출할 시나리오를 세웠다.

둘째, 언어의 변화를 통해 리더들의 사고방식과 태도가 변했다는 점이다.

셋째, 정치지도자들의 미래에 대해 함께 대화할 준비를 마침으로써, 대화와 담론의 결과가 정책에 실질적으로 반영되는 결과를 낳았다는 점이다. 이들은 논의 결과, 국가 권력 세력의 경제관념과 생각의 변화를 이끌어냈다. 이카루스 시나리오에서 플라밍고들의 비행 시나리오로 바뀔 수 있는 단초를 제공함으로써, 남아프리카공화국의 '성장과 고용과 재건설GEAR'이 실현되는 중요한 계기가 된 것이다. 이들은 이를 '위대한 U턴The Great U-Turn'이라고 불렀다.

넷째, 결과적으로, 대화와 담론을 통해 사회적 문제를 해결할 수 있다는 가능성을 발견했다는 점이다.

남아프리카공화국 첫 흑인 재무장관을 지낸 트레버 마누엘은 다음과 같이 이야기했다.

"몽플레 기획에서 곧바로 '성장과 고용과 재건설' 정책이 나온 것은 아니다. 우리는 수 많은 우여곡절을 거쳐야만 했다. 그러나 이 정책은 상당 부분 몽플레 기획에서 나온 것이다."

혁신의 단초: 미래지향적 갈등의 해결, 시나리오 플래닝

현재 빅데이터, IoT, 로봇, 드론, AI 등을 중심으로 4차 산업혁명에 대한 논의가 한창 진행 중이다. 하지만 4차 산업혁명의 신기술도 중요하지만 무엇보다 우리 사회의 바람직한 미래 실현을 위해 중요한 점은 '복잡한 문제일수록 대화와 합의가 필요하다는 것'이다.

복잡성이 낮은 문제는 문제의 일부분만 고치거나 혹은 과거의 방식이나 권위자의 지시에 따를 때 해결될 수 있지만, 복잡성이 높은 문제는 문제의 당사자들이 새로운 해결책을 찾아내어 조직 전체를 변화시킬 때만이 해결될 수 있다. 즉, 복잡성이 높은 문제의 풀이는 해결책을 찾을 때까지 끊임없이 대화하는 것뿐이다. 열린 생각, 열린 감정, 열린 태도가 핵심이다.

결과에 대한 합의뿐만 아니라, 과정에 대한 합의가 더 중요하다. 다양한 주체가 참여해 논의를 지속함으로써 사회적 문제 해결을 위한 통합적 노력을 지속하는 가운데, 신뢰가 형성되고 이를 바탕으로 한 사회적 자본Social Capital이 구축되는 것이다.

따라서 말하기와 듣기, 그리고 대화를 통하여 이 시대의 분열주의에 머무르지 않고 광범위한 사회적 합의를 이끌어 낼 수 있는 통합과 포용, 즉 성찰의 리더십이 필요한 것이다(아담 카헤인, 2007).

에필로그:
정책현상을 바라보는 이론적 렌즈

논의를 종합해 보자.

지금까지 정책학 거장들의 이론과 함께 인접학문으로서 깊은 연관을 갖는 세 가지 축Pillars으로 정책학과 미래예측학, 4차 산업혁명, 통합적 리더십을 통해 정책학과의 통섭적 접근을 시도하였다. 이를 통해 세계사적, 혹은 문명사적 정책환경이 격변하면서 한시대의 획을 긋는 학술적 이론가들이 등장하여 그 시대의 문제에 대한 해법을 제시하고자 노력하였다는 공통분모를 찾아 볼 수 있었다.

그 주인공들을 살펴보면 먼저, 히로시마 원폭 투하의 충격 속에서 인간의 존엄성에 기초한 학문적 패러다임을 제시한 라스웰Lasswell과 드로어Dror, 얀취Jantch, 앤더슨Anderson, 정책혁신과 정책분석의 분기점을 마련한 앨리슨G. Alliso, 윌리엄 던W. Dunn, 베리와 베리Berry & Berry, 1999, 그리고 현대사회의 복합적, 비선형적 정책 문제 속에서 정책학의 현실 적용을 위해 입체적 정책모형을 제시한 킹던Kingdon, 사바티어Sabatier를 위시한 잉그램Ingram, 슈나이더Schneider, 딜레온Deleon, 가상적인 불명확성에서 벗어난 정책과정에서 이해집단의 중요성을 강조하며 절차적 가치를 통해 등권과 협치를 실현하고자 뉴거버넌스를 제시한 피터스와 피에르G. Peters & J. Pierre, 쿠이만Jan Kooiman이 있다.

다음으로, 미래에 대한 상상력을 기초로 하여 미래가치 실현을 통해 미래예측과 정책학의 교차점으로 새로운 학문적 지평을 열고 두 학문세계를 접목시킨 짐 데이토Jim Dator, 레이 커즈와일Ray Kurzwell, 4차 산업혁명이라는 전대미문의 격랑과 문명사적 격변 속에서 새로운 담론을 제시하고자 몰두하고 있는 클라우스 슈밥Klaus Schwab을 위시해 제레미 리프킨Jeremy Rifkin 그리고 현대사회의 우울, 갈등, 불행이라는 저차원의 에너지를 걷어내고 몰입, 창조, 행복이라는 창조적 담론을 사회 저변에 확산시키고자 노력하고 있는 긍정심리학과 함께 이를 시나리오 플래닝에 적용시켜 심각한 사회갈등을 통합과 포용으로 승화시킨 아담 카헤인Adam Kahane, 넬슨 만델라Nelson Mandela 등이 그 주인공들이다.

모든 학문적 거장들의 이론적 성과는 결국 그들이 살았던 시대의 시대사적 고민을 조금이라도 풀어보고자 애썼던 노력의 산물이었으며, 학문적 이론과 현상 사이에 존재하는 간극Gap을 메우고자 시도했던 부단한 정성의 결과였다.

현대정책학은 이러한 거장들의 학문적 기여에 큰 빚을 지고 있다. 이들의 고민과 노력으로 정책현상을 바라보는 이론적 렌즈lense들이 하나씩 더 생기게 되었고, 복잡한 정책 문제를 해결하는 우리의 능력도 더 향상된 것이다. 물론 각자의 시대는 달랐고, 해결하고자 하는 문제의 성격은 달랐다. 더욱이 현대의 복잡한 사회 문제는 그들이 가진 고민과 사유만으로는 해결하기 어려운 문제들일 것이다. 그럼에도 불구하고 저자가 이러한 거장들의 고민과 사유를 되짚어본 까닭은 정책수단을 넘어서 문제의 본질을 꿰뚫은 혜안慧眼의 중요성을 강조하고자 함에 있다. 이는 컴퓨터프로그래밍의 개발, 빅데이터, IoT 기술들이 알려주지 않는 풀리지 않은 사회 문제Tough Problem 해결의 시발점始發點이 될 것이다. 이러한 맥락에서 현재 발생하고 있는 다양한 우리 사회의 갈등과 '복합적' 구조의 메가톤급 거대문제들을 논의할 때에도 이들이 했던 동시대적 고민과 사유들을 빌려오는 일은 매우 필요하고 절실한 일이다.

VUCA, 즉 가변성Volatility, 불확실성Uncertainty, 복합성Complexity, 모호성Ambiguity으로 대변되는 초 현대사회를 살고 있는 우리는 어떤 학술적 수수께끼Academic puzzle를 가슴에 안고 '난해한' 혹은 '사악한' 거대구조의 복합적 문제Tough & Wicked Problems with Mega-Complexities에 어떻게 접근해야 하는가?

AI, 바이오, 나노 등의 융합의 물결로 몰려오는 4차 산업혁명은 지금까지의 산업혁명과는 달리 우리가 일하는 방식What We Are Doing 에만 영향을 미치는 것이 아니라, 우리의 존재What We Are와 정체성 자체에 충격을 주고 있다. 인간의 노동권, 일자리 소멸뿐만 아니라, 호모 데우스Homo Deus의 등장, 영생永生의 시도, 인간 생명과 죽음에 대한 개념 확장, 바이오와 나노로봇의 등장, 인간과 AI의 경계 소멸 등 새로운 사피엔스Homo Sapience에 대한 논의가 필요한 시점이다. 어쩌면 인간의 존엄성에 대한 개념적, 정책적, 법률적 재정의가 필요할지도 모른다. 거대한 눈 폭풍과도 같은, 혹은 엄청난 쓰나미와 같은 일들이 우리 눈앞에서 벌어지고 있는 지금, 국정國政 거버넌스 Goverance로서의 행정학과 정책학은 어떤 학술적 모형으로, 혹은 어떤 이론으로 새로운 학문 정립에 이바지해야 할 것인가?

사회가 복잡해질수록 기존의 정책모형이나 이념으로도 풀 수 없는 난제難題에 부딪힐 것이다. 전통적인 관료제는 물론이거니와 수평적 네트워크를 강조하는 뉴거버넌스 접근만으로 풀기 어려운 난해難解한 문제들이 등장할 것이다. 효율적인 행정이념이나 민주적인 접근만으로 풀기 어려운 복잡複雜한 문제들이 등장할 것이다.

역학易學적, 발생학發生學적, 사회社會적 복합성 등 복잡한 문제의 발생 원인을 고려할 때, 사회 문제의 해결은 부단히 어렵고, 어쩌면 완전한 해결은 불가능한 것일 수도 있다. 때문에 우리에겐 다양한 시나리오 플래닝Scenario Planning과 미래지향적 접근이 중요하며, 이를 위해 그 어느 때보다 창조적 파괴Creative Destruction와 파괴적 혁신 Disruptive Innovation이 필요하다. 기존의 발상을 뛰어넘는 과감하고도 창의적인 제안과 이를 포용包容과 성찰省察의 리더십으로 용해시키는 다양한 아이디어가 필요한 시점인 것이다. 지평地平의 전이轉移와도 같은 패러다임 전환Paradigm Shift과 뉴 프론티어New Frontier 정신은 미래의 가능성을 확장시켜줌으로써 우리의 새로운 미래를 열어가는 힘이 될 것이다.

참 고 문 헌

〈국내문헌〉

권기헌. (2007). 『정책학의 논리』. 박영사.

권기헌. (2010). 『정책분석론』. 박영사.

권기헌. (2012). 『전자정부론』. 박영사.

권기헌. (2013). 『행정학 콘서트』. 박영사.

권기헌. (2014a). 『정책학 강의』. 박영사.

권기헌. (2014b). 『정책학의 논리』. 박영사.

권기헌. (2017). 『정부혁명 4.0 따뜻한 공동체, 스마트한 국가』. 행복한에너지.

권석만. (2008). 『긍정 심리학: 행복의 과학적 탐구』. 학지사.

김덕형·박형준. (2013). "사회적 형성이론의 한국적 모형 탐색", 「한국지방정부학회 추계학술대회 발표논문집」. 한국지방정부학회. 2013(3): 198–216.

김동배·김중돈. (2006). 『인간행동이론과 사회복지실천』. 학지사.

김동현·박형준·이용모. (2011). "규제정책의 설계와 사회적 형성이론", 「규제연구」. 20(2): 119–149.

김명환. (2005). "사회적 형성주의 관점에서의 정책연구: 대상집단의 사회적 형성이론과 적용", 「한국정책학회보」, 한국정책학회. 14(3): 35–36.

김명희·김영천. (1998). "다중지능이론: 그 기본 전제와 시사점", 「교육과정연구」, 한국교육과정학회. 16(1): 229–330.

김임순·김성훈. (2015). "교육학 : 가드너의 다중지능이론이 교육에 주는 함의", 「인문학 연구」, 조선대학교 인문학 연구원. 49: 395–422.

마틴 셀리그만. (2014). 『긍정심리학』. 김인자 역. 물푸레.

박찬국. (2017). 『초인수업: 나를 넘어 나를 만나다』. 21세기북스.

백승기. (2008). "ACF(Advocacy Coalition Framework) 모형에 의한 정책변동 사례 연구: 출자총액제한제도를 중심으로", 「한국정책학회 하계학술 발표논문집」, 한국정책학회. 2008(1): 705–737.

송기인. (2015). 『커뮤니케이션학, 10인의 선구자』. 커뮤니케이션북스.

아담 카헤인. (2008). 『통합의 리더십: 열린 대화로 새로운 현실을 창조하는 미래형 문제 해결법』. 류가미 역. 에이지21.

아담 카헤인. (2010). 『포용의 리더십: 미래를 바꾸기 위해 진정 우리에게 필요한 것은 무엇인가?』. 강혜정 역. 에이지21.

양승일. (2015). "정책변동유형흐름모형의 검증분석: 4대강 정비사업을 중심으로", 「한국행정학보」, 한국행정학회. 49(2): 507 – 530.

유홍림 · 양승일. (2009). "정책흐름모형(PSF)을 활용한 정책변동분석: 새만금 간척사업을 중심으로", 「한국정책학회보」, 한국정책학회. 2009(0): 705 – 731.

이석재. (1996). "프로이트의 도덕발달이론에 관한 고찰", 석사학위논문.

이영재. (1997). "다중지능이론의 교육학적 의의", 「발달장애학회지」, 한국발달장애학회. 1: 135 – 148.

이재정. (2014). "정치인과 거짓말: 그들은 왜 거짓말을 하는가?", 「한국정치연구」. 23(3): 1 – 28.

이학. (1998). 『프로이트 심리학 연구』. 청목서적.

이희영 · 성형림 · 김은경. (2013). 『인간심리의 이해』. 시그마프레스.

임효진 · 선혜연 · 황매향. (2016). 『교육심리학』. Communication Books.

정철현. (2003). 『행정이론의 발전 : 베버에서 오스본까지』. 다산출판사.

하워드 가드너. (2007). 『다중지능』. 문용린 · 유경재 공역. 웅진지식하우스.

Andy Hunter. (2013). 『다중지능 주창자 하워드 가드너』. 안수정 역. 브레인미디어.

Csikszentmihalyi, M. (2003). 『몰입의 기술』. 이삼출 역. 더불어.

_____ . (2004). 『Flow』. 최인수 역. 한울림.

_____ . (2006). 『몰입의 경영』. 심현식 역. 황금가지.

_____ . (2009). 『자기진화를 위한 몰입의 재발견』. 김우열 역. 한국경제신문.

〈해외문헌〉

Anderson, Charles W. (1993). "Recommending a scheme of reason: political theory, Policy Science, and democracy". Policy Science, 26(3): 215 – 227.

Berry, F. S. & W. D. Berry. (1990). "State lottery adoptions as policy innovations: An event history analysis". American political sci – ence review, 84: 395-415.

_____ . (1992). "Tax Innovation in the States: Capitalizing on Political Opportunity". American Journal of Political Science Review, 84(2): 395 – 411.

_____ . (1999). "Innovation and Diffusion Models in Policy Research". in Savatier, P. A.(ed), Theories of the Policy Process. Boulder: Westview Press.

B. Guy Peters. (1996). "The Future of Governing: Four Emerging Models". University Press of Kansas.

Bradford, A. (2016). "Sigmund Freud: Life". Work & Theories.

Deleon, P. (1989). Advice and Consent: The Development of the Policy Sciences. Russell Sage Foundation.

_____ . (1994). "Reinventing the policy sciences: Three steps back to the future". *Policy Sciences, 27* (1), 77 – 95.

DeLeon, P., & Martell, C. R. (2006). "The policy sciences: past, present, and future". *Handbook of public policy.*

Dror, Y. (1968). "Public Policy Making Reexamined". Routledge.

_____ . (1970). "Policy Sciences: The State of Discipline". Policy Studies. 1: 135 – 150.

_____ . (1971). "Design for policy sciences". American Elsevier Pub. Co.

_____ . (1971). "Ventures in policy sciences". American Elsevier Pub. Co.

_____ . (2017). For Rulers: Priming Political Leaders for Saving Humanity from Itself. Policy Studies Organization. PSO and Westphalia Press.

Dunn William N. (1994). Publich Policy Analysis. Englewood Cliffs, NJ: Prentice Hall.

Einstein, A. & Freud, S. (1991). "Why war? Redding". CA: CAT Pub. Co.

Freud, S. (1918). "Reflections on war and death". New York: Moffat, Yard.

Graham T. Allison. (1971). "Essence of Decision". Longman.

Ingram, H. & Schneider, A. & DeLeon, P. (2007). "Social construction and policy design". In P. A. Sabatier. (ed). Theories of the Policy Process, 93. Boulder, CO: Westview Press.

Kingdon, John W. (1984). "Agendas, Alternatives, and Public Policies". Boston: Little Brown.

_____ . (1999). "America the Unusual". Worth Publishers.

Kooiman, J. (1993). "Modern Governance: New Government−Society Interactions". Newbury Park. Sage.

_____ . (2003). "Models of Governance". In Kooiman. Governing as Governance. London: Sage.

Lasswell. (1951). "The Policy Orientation". H.D. Lasswell and D.Lerner(eds.), Policy Sciences. Stanford, California: Stanford Univ. Press, 3−15.

_____ . (1960). "Psychopathology and Politics". University of Chicago Press.

_____ . (1970). "The Emerging Conception of the Policy Sciences". Policy Sciences, 1: 3−14.

_____ . (1971). "A pre−view of policy sciences". American Elsevier Pub. Co.

_____ . (1978). "Propaganda and Communication in World History". East−West Center.

Lasswell & Harold D. (1960). "Psychopathology and Politics". New York: Viking press.

Ray Kurzweil. (2010). "The Singularity is Near". Gerald Duckworth & Co.

Jantsch, Erich. (1967). Technological forecasting in perspective. O.C.D.E.

_____ . (1970). "From forecasting Core of the New Institutionalism". Politics & Society, 26(1): 33−37.

＿＿＿ . (1972). Technological planning and social futures. Associated Business Programs.

＿＿＿ . (1979). The self−organizing universe: scientific and human implications of the emerging paradigm of evolution.

J, Rifkin. (1980). "Entropy : a new world view". Viking Press. Pergamon Press.

＿＿＿ . (1995). "The End of Work". Paidos Iberica Ediciones S A.

＿＿＿ . (2000). "The Age of Access". Penguin.

＿＿＿ . (2002). "The Hydrogen Economy". Tarcher.

＿＿＿ . (2009). "The Empathic Civilization". Polity Press.

＿＿＿ . (2011). "The Third Industrial Revolution". Palgrave Macm illan Ltd.

＿＿＿ . (2014). "The Zero Marginal Cost Society". Palgrave Macm illan Ltd.

Paul A. Sabatier. (2017). "Theories of the Policy Process". Avalon Publishing.

Peter, G. & Pierre J. (2005). "Governing Complex Societies". Springer.

＿＿＿ . (2005). "Toward a Theory of Governance". In Peters G. & Pierre J. Governing Complex Societies: Toward Theory of Governance: New Government−Society Interactions. Palgrave: Macmillan.

＿＿＿ . Governing Complex Societies. Palgrave MacMillan.

Schneider, A. & Ingram, H. (1993). "Social Construction of Target Popula tions: Implications for Politics and Policy". The American Political Science Review, 87(2): 334−347.

미 주

1) 권기헌. (2014). 『행정학 콘서트』. 박영사. p.108.

2) 권기헌. (2014). 『행정학 콘서트』. 박영사. p.117 – 118.

3) 권기헌. (2014). 『행정학 콘서트』. 박영사. p.119.

4) 권기헌. (2014). 『행정학 콘서트』. 박영사. p.119.

5) 권기헌. (2014). 『행정학 콘서트』. 박영사. p.119.

6) 권기헌. (2014). 『행정학 콘서트』. 박영사. p.162.

7) 권기헌. (2014). 『행정학 콘서트』. 박영사. p.163.

8) 권기헌. (2014). 『행정학 콘서트』. 박영사. p.171.

9) 권기헌. (2014). 『행정학 콘서트』. 박영사. p.144 – 145.

10) 한경 경제용어사전(http://terms.naver.com/entry.nhn?docId = 3652848& cid = 42107&categoryId = 42107).

11) 그는 세계경제포럼에서 ≪소프트웨어와 사회의 미래≫라는 주제로 약 800 명이 넘는 경영진들을 대상으로, 세계의 흐름을 바꾸는 기술이 공공의 영역에 깊숙이 침투할 경우, 언제, 어떻게, 무엇이 변화할 것인지에 대한 설문조사를 실시하였다. 그 결과, 약 23가지 소프트웨어 기술에 대한 티핑포인트(tipping point)가 제시되었다. 해당 설문조사를 토대로 도출된 2025 티핑포인트는, ① 체내 삽입형 기기, ② 디지털 정체성, ③ 새로운 인터페이스로서의 시각, ④ 웨어러블 인터넷, ⑤ 유비쿼터스 컴퓨팅, ⑥ 주머니 속 슈퍼컴퓨터, ⑦ 누구나 사용할 수 있는 저장소, ⑧ 사물인터넷, ⑨ 커넥티드 홈, ⑩ 스마트 도시, ⑪ 빅 데이터를 활용한 의사결정, ⑫ 자율주행 자동차, ⑬ 인공지능과 의사결정, ⑭ 인공지능과 화이트칼라, ⑮ 로봇공

학과 서비스, ⑯ 비트코인과 블록체인, ⑰ 공유경제, ⑱ 정부와 블록체인, ⑲ 3D 프린팅 기술과 제조업, ⑳ 3D 프린팅 기술과 인간의 건강, ㉑ 3D 프린팅 기술과 소비자 제품, ㉒ 맞춤형 아기, ㉓ 신경기술 등이다.

12) 박찬국. (2017). 『초인수업: 나를 넘어 나를 만나다』. 21세기북스 p.93.

찾아보기

저자약력

한국외국어대 행정학과 졸업(행정학 학사)
서울대 행정대학원 졸업(행정학 석사)
미국 하버드대 졸업(정책학 석사, 정책학 박사)
제26회 행정고시 합격
상공부 미주통상과 근무
세계 NGO 서울대회 기획위원
미국 시라큐스 맥스웰 대학원 초빙교수
중앙공무원교육원 정책학교수
행정자치부 정책평가위원
행정고시 및 외무고시 출제위원 역임
한국연구재단 전문위원(Review Board-PM)
한국정책학회 편집위원장 역임
국무총리 정부업무평가위원
2015 한국정책학회장
現 성균관대학교 국정전문대학원장
　　성균관대학교 행정학과 교수

수 상

국무총리상 수상(제26회 행정고시 연수원 수석)
미국정책학회(APPAM) 선정 박사학위 최우수논문 선정
한국행정학회 학술상(최우수논문상) 수상
미국 국무성 풀브라이트재단 학자(Fulbright Scholarship) 선정
대한민국 학술원 우수학술도서 선정(정보체계론, 나남)
대한민국 학술원 우수학술도서 선정(정책학의 논리, 박영사)
문화체육관광부 우수학술도서 선정(정책학, 박영사)

주요저서

≪포기하지마! 넌 최고가 될거야≫ ≪대한민국 비정상의 정상화≫
≪행정학 콘서트≫ ≪정의로운 국가란 무엇인가≫
≪정의로운 공공기관 혁신≫ ≪행정학강의≫ ≪정책학강의≫
≪E-Government & E-Strategy≫
≪정책분석론≫ ≪정책학의 논리≫ ≪미래예측학: 미래예측과 정책연구≫
≪전자정부론: 전자정부와 국정관리≫
≪정보체계론: 정보사회와 국가혁신≫ ≪정보사회의 논리≫
≪전자정부와 행정개혁≫ ≪과학기술과 정책분석≫ ≪정보정책론≫
≪창조적 지식국가론≫ ≪시민이 열어가는 지식정보사회≫
≪정보의 신화, 개혁의 논리≫ ≪디지털 관료 키우기≫ 등

정책학콘서트

초판발행   2018년 2월 25일

지은이   권기헌
펴낸이   안종만

편 집   조보나
기획/마케팅   정연환
표지디자인   권효진
제 작   우인도 · 고철민

펴낸곳   (주) 박영사
                서울특별시 종로구 새문안로3길 36, 1601
                등록 1959. 3. 11. 제300-1959-1호(倫)
전 화   02)733-6771
f a x   02)736-4818
e-mail   pys@pybook.co.kr
homepage   www.pybook.co.kr
ISBN   979-11-303-0545-5   93350

정 가   16,000원